FRIDA
KAHLO

FRIDA KAHLO

Marcela Altamirano

Grupo Editorial Tomo, S.A. de C.V.
Nicolás San Juan 1043
03100 México, D.F.

1a. edición, septiembre 2003.
2a. edición, junio 2004.

© Grupo Editorial Tomo, S.A. de C.V.
   Frida Khalo

© 2004, Grupo Editorial Tomo, S.A. de C.V.
   Nicolás San Juan 1043, Col. Del Valle
   03100 México, D.F.
   Tels. 5575-6615, 5575-8701 y 5575-0186
   Fax. 5575-6695
   http://www.grupotomo.com.mx
   ISBN: 970-666-808-X
   Miembro de la Cámara Nacional
   de la Industria Editorial No 2961

Proyecto: Marcela Altamirano
Diseño de Portada: Trilce Romero
Formación Tipográfica: Servicios Editoriales Aguirre, S.C.
Supervisor de producción: Leonardo Figueroa

Impreso en México - *Printed in Mexico*

Contenido

Prólogo

Por momentos me pregunto si mi pintura, del modo como la viví, no fue más semejante a la obra de un escritor que a la de un pintor. Una especie de diario, la correspondencia de toda una vida. El primero fue el lugar donde liberé mi imaginación a la vez que analizaba mis actos y mis gestos, por la segunda habría dado noticias de mí, o simplemente habría dado de mí, a mis seres queridos...

Frida Kahlo

En efecto, si plegados a un orden cronológico observamos la obra de Frida Kahlo veremos reflejada la historia de su vida. "Mi obra es la biografía más completa que pueda hacerse de mí". Lo dijo ella, la protagonista de una vida que siempre osciló de extremo en extremo, sin detenerse en un punto medio. Frida brincaba del frío al calor; del dolor al placer; del amor al odio, del infierno a la gloria... Así lo expresa su obra.

Mucho se ha escrito sobre la persona y la artista. Ella misma creó una fabulosa leyenda sobre sí misma. Por eso no ha sido fácil escudriñar en todo el material existente para reconstruir un sencillo y objetivo perfil biográfico.

Su historia tiene por marco el México posrevolucionario, y ella misma pertenece a una generación excepcional de artistas que legó pautas al arte pictórico mundial. Su carácter lo forja el cincel del infortunio: la poliomielitis a los siete años y, a los dieciocho, el terrible accidente que repercutiría en su salud el resto de su vida. La pintura vino a ella, como un canal de escape, "por el tormento y por los dolores que tenía que soportar". Decía que pintaba su propia realidad por necesidad; que pintaba todo lo que pasaba por su cabeza, sin más consideración... ¿Será por eso que en muchas de sus obras alcanza un arte fantástico, consiguiendo a la vez transmitir su valor y su indomable alegría frente al sufrimiento físico?

En 1929 se convirtió en la tercera esposa de Diego Rivera, el gran muralista. A partir de entonces se escriben los capítulos más intensos del libro de su vida. La eterna oscilación del blanco al negro y del negro al blanco: el amor, el éxito, la vida... la soledad, el dolor, la muerte.

Frida Kahlo fue pintora autodidacta y espontánea; produjo, más o menos, doscientos cuadros, de los cuales la mayor parte son autorretratos. Su obra está basada en distintos momentos claves de su vida, una vida exuberante, ansiosa, trágica, y, sobre todo, apasionante.

Esta mujer extraordinaria, poseedora de una personalidad auténtica, murió el 13 de julio de 1954. Sus cenizas reposan en una urna precolombina en el museo que lleva su nombre y que se conoce como la "casa azul" de Coyoacán. La casa está abierta para los visitantes como lo estuvo mientras ella vivía.

Nosotros te invitamos, lector, a conocer su vida en el curso de estas páginas.

M. A.

I

La niña terrible

Una mezcla hispanomexicana–alemana

> *Mi padre, Guillermo Kahlo, era muy interesante y se movía con gracia al caminar. Era tranquilo, trabajador, valiente.*
>
> Frida Kahlo

Wilhelm Kahlo —el padre de Frida—, a los dieciocho años de edad, era un muchacho no muy alto, flaco, algo reservado e introvertido, pero sin duda, sensible e inteligente, amante de la música y de la lectura. Había nacido en Baden-Baden, Alemania, en 1872, y a esa edad, a los dieciocho años, decidió viajar a México en busca de nuevos horizontes.

—"¿Por qué México?" —le había preguntado su padre Jacob Heinrich Kahlo, recién casado en segundas nupcias justo al año de la muerte de Henriette Kaufman, la madre de Wilhelm.

"Porque mis estudios en Nuremberg no me han servido de nada para trabajar aquí —contestó Wilhelm—; porque Baden-Baden no es más que un tranquilo balneario, aletargado, salvo por los visitantes para quienes todo son paseos, placeres de vacaciones y charlas insulsas; y porque he oído decir tantas cosas sobre América... La colonia judía que se amontona en Hester Street, en Nueva York; la colonia italiana que no sabe qué hacer con tierras que se pierden de vista en la Argentina... pero me decidí por México porque deseo conocerlo; porque parece un lugar lleno de magia, de colores..."

Lo cierto era que el joven Wilhelm no soportaba a su madrastra ni la vida sofocante de Baden-Baden, y aquellos lugares lejanos abrían en su espíritu ventanas donde la luz era un torbellino. Finalmente, Jacob Kahlo accedió a que su hijo emprendiera el viaje y le dio el dinero necesario.

Transcurrieron algunas semanas de preparativos durante las cuales Wilhelm se sentía unas veces angustiado por la menor cosa que debía hacer, y otras, subyugado por la aventura de la que iba a ser protagonista. Sin embargo, jamás dudó de la decisión que había tomado y entre aclamaciones, llantos, manos y pañuelos agitándose, un día abordó el barco llevando, como un estandarte, sólo la última frase que le había dicho su padre: "*Ich bin bei dir*" (Estoy contigo).

Mi madre era como una campanita de Oaxaca. Cuando iba al mercado, ceñía con gracia su cintura y cargaba coquetamente su canasta. Era simpática, activa, inteligente. No sabía leer ni escribir: sólo sabía contar el dinero.

Frida Kahlo

Matilde Calderón y González —la madre de Frida—, era originaria de Oaxaca, que es en el sudoeste de México una provincia donde las montañas ven hacia el mar del Pacífico. Hija de Isabel González y González, de ascendencia española y de Antonio Calderón, de raza india, nacido en Morelia. Matilde nació en el año de 1876. Fue la mayor de doce hijos, posición que le dio cierta fuerza de carácter y le enseñó a enfrentarse a todas las tareas domésticas. Era de espíritu vivo, pero no dispuso de tiempo para instruirse.

Recibió la instrucción elemental de una joven mexicana para contraer matrimonio en el plazo deseable. Matilde fue toda su vida una mujer religiosa, devota de la Virgen de la Soledad, y muy recta, tanto en sus ideas como en el porte de su cabeza. Era pequeña de estatura, morena, de hermosos ojos y boca muy fina.

Su padre —el abuelo de Frida—, don Antonio Calderón, fotógrafo de daguerrotipos de oficio, tuvo que viajar por razones profesionales a la Ciudad de México, en donde se instaló con toda la familia.

Más tarde, Matilde contaría que "la víspera de la partida, fue a rezarle a la Virgen de la Soledad y que cuando estaba pidiéndole por los suyos y por ella misma, cerró con fuerza los ojos y cuando volvió a abrirlos tuvo la impresión de que la Virgen se había movido ligeramente, de que la perla que colgaba en mitad de su frente se balanceaba en forma imperceptible, de que arrojaba un resplandor destinado solamente a ella, Matilde, para que lo guardara en el fondo de su corazón como una lucecilla que la guiaría por los caminos ignotos de su nueva vida".

Por esos años, cerca ya del nuevo siglo, México acababa de vivir las décadas de las luchas de su independencia. A las primeras habían seguido las luchas por el poder, de las que finalmente salió vencedor el general Porfirio Díaz, quien permanecería en el mando más de treinta años. Con el lema "poca política y mucha administración", el dictador había logrado dar a México una época de paz y prosperidad.

Precisamente fue en esta época cuando Wilhelm Kahlo —Guillermo Kahlo— llegó a México, y en una estructura favorable para los emigrantes, pronto encontró trabajo, primero como cajero en la *Cristalería Loeb* y luego como vendedor en una librería. Así pues, poco a poco se fue realizando la integración de este emigrante alemán a la nueva patria. Al tiempo, iba adquiriendo las costumbres, la lengua, el amor y la estabilidad.

Habían transcurrido ya siete años desde que Kahlo llegó a México. Conoció a Matilde Calderón cuando ambos trabajaban en *La Perla*. Guillermo se había casado en 1894 con una mexicana y quedó viudo: su joven esposa murió de parto al dar a luz a su segunda hija.

La misma Frida escribiría después sobre el primer encuentro de sus padres:

> La noche en que murió su esposa, mi padre llamó a mi abuela Isabel quien llegó con mi madre. Ella y mi padre trabajaban en la misma tienda. Él estaba muy enamorado de ella, y después se casaron.

Parece que no sólo Guillermo llevaba un luto reciente, pues Matilde también llevaba el suyo. Dicen que había tenido un novio alemán que se suicidó ante sus ojos y que esto le dejó una marca de por vida; y que probablemente su encuentro con Guillermo Kahlo, otro alemán, haya venido inconscientemente si no a reemplazar, por lo menos a calmar el sentimiento de esa otra pérdida. Además, Guillermo Kahlo era un buen partido: tenía un buen empleo y el encanto, el sello europeo; una superioridad innegable en la escala de valores mexicana. Nunca se supo si Matilde amó de verdad a Guillermo pero sí que éste la amó sinceramente. Le gustaba el garbo de Matilde, su gracia, sus ojos negros, vivos y brillantes, y su piel morena, además de que era una mujer recta, firme, auténtica...

Un día que él había ido a buscarla para dar un paseo por el bosque de Chapultepec, ella le preguntó:

—¿Nunca va a regresar a su país?

—¡Oh, no! —contestó él—. Mi vida está aquí. He cambiado de país para siempre.

—¿Y no extraña a veces su patria, Alemania? —insistió Matilde.

—No pienso en ello. Me queda lo mejor: su música, sus libros.

—¿Y su idioma? ¿No siente nostalgia por hablarlo?

—Lo leo constantemente —dijo él—; y en ocasiones lo hablo, aunque sea de cuando en cuando, con amigos alemanes.

—Su lengua suena muy fuerte, muy dura.

—Es posible... pero sabe decir las cosas bellas y también las espinosas... —y recitó unos versos en alemán.

Matilde, desolada, dijo no haber entendido nada de lo que él había expresado. Entonces, Guillermo solicitó toda su atención y con voz suave empezó a recitar un pensamiento que dijo haber escrito para ella y para él mismo, y que encerraba sus experiencias del dolor pasado:

Weh spricht vergeh	*Todo dolor es pasajero*
Doch alle Lust will Ewigkeit	*Pero todo goce requiere la eternidad*
Will tiefe, tiefe Ewigkeit	*La profunda, profunda eternidad*

Tras un momento de meditación, Matilde preguntó a su acompañante:

—¿Es usted creyente?

—Soy judío de nacimiento, usted ya lo sabe; pero ateo por convicción; y romántico por momentos... —y adoptando un aire divertido terminó por decirle—. No se preocupe, respeto su religión.

—Así lo espero —concluyó ella, muy seria.

Un día soleado de 1898, en la Ciudad de México, Matilde Calderón se casó con Guillermo Kahlo.

La familia Kahlo-Calderón

Al volver a casarse, Guillermo Kahlo colocó a sus hijas del primer matrimonio, María Luisa y Margarita, de siete y tres años respectivamente, en un convento. Con Matilde tuvo cuatro hijos, tres niñas y un varón, que murió al nacer.

Bajo la influencia de su nueva esposa y de don Antonio —el padre de ella—, Guillermo aprendió el arte de la fotografía y se convirtió a su vez en fotógrafo profesional. Además, adquirió sin esfuerzo alguno, la técnica del daguerrotipo. Esta nueva ocupación iba a permitirle satisfacer la sed de aventura que inicialmente le había hecho marchar tan lejos de su patria. Paso a paso iba a descubrir lugares poco comunes, facetas de una cultura sorprendente para él. Por ello, Guillermo no se encerró nunca en un estudio tradicional de fotografía, sino que salió con la cámara a registrar los detalles conformados por los juegos de luz y la sombra, revelados por la exactitud de un encuadre y retrató exclusivamente a México.

Frida escribiría al respecto:

> Su suegro le prestó una cámara y lo primero que hicieron fue salir de gira por la República. Lograron una colección de fotografías de arquitectura indígena y colonial y regresaron, instalando su primer despacho en la avenida 16 de Septiembre.

En 1904, se iniciaban ya los preparativos para la celebración del centenario de la Independencia de México. El gobierno de Porfirio Díaz confió a Guillermo Kahlo, por entonces de treinta y dos años, la tarea de realizar un inventario gráfico de monumentos arquitectónicos de la época prehispánica y colonial, que se publicaría en diversas ediciones conmemorativas del acontecimiento, lo que lo convirtió en el "primer fotógrafo oficial del patrimonio cultural nacional de México". Un periodista de la época califica al fotógrafo de "sobrio, moderado, poseedor de esa cualidad tan rara de saber escuchar, comprendiendo lo que se esperaba de él y responder eficazmente, con fotografías ejecutadas con arte".

En tanto que a Guillermo le sonreía la fortuna, la familia crecía, y hubo que pensar en buscar una casa adecuada. Él quería construirla fuera de la ciudad, en el barrio de Tlalpan. Ella prefería un lugar más cerca del centro. Finalmente Guillermo logró adquirir una parcela de ochocientos metros cuadrados, en los terrenos de una hacienda demolida llamada El Carmen, propiedad de los carmelitas, situada en la esquina de las que hoy son las calles de Londres y Allende, en Coyoacán. Ahí hizo construir una casa, la "casa azul", cuyo plano inicial era rectangular e incluía algunos espacios interiores al aire libre.

Sin embargo la Revolución Mexicana pondría punto final a esta privilegiada situación de la familia. "Era con gran dificultad que se ganaba la subsistencia en mi casa —explicaría más tarde Frida— porque ya de niña ayudaba, después de la escuela, en tiendas para contribuir a la subsistencia de la familia".

Según consta en su acta de nacimiento, Magdalena Carmen Frida Kahlo Calderón, nació el 6 de julio de 1907 en Coyoacán. Era la tercera de las cuatro hijas del matrimonio. No obstante Frida se expresó así de su arribo al mundo:

> Nací con una revolución. Que lo sepan. Fue en ese fuego donde nací, llevada por el impulso de la revuelta hasta el momento de ver la luz. La luz quemaba. Me abrazó por el resto de mi vida. Adulta, yo era toda llama. Soy de veras hija de una revolución, de eso no hay duda, y de un viejo dios del fuego al que adoraban mis antepasados.
>
> Nací en 1910. Era verano. Muy pronto, Emiliano Zapata, el Gran Insurrecto, iba a levantar el sur. Yo tuve esa suerte: 1910 es mi fecha.

La pequeña Frida fue un bebé hermoso y sano, como lo fueron también sus hermanas mayores, Matildita y Adriana. Lo único que tenía entonces de particular era su nombre.

Guillermo insistió en que debía llevar un nombre alemán, pero en el momento del bautismo el cura se opuso. Después de una larga discusión, la abuela Isabel, que tenía a la niña en brazos, propuso que el nombre de Frida fuera precedido para el bautismo por los de Magdalena y Carmen. Su nombre para la vida sería Frida.

Apenas tenía dos meses de nacida, cuando su madre volvió a quedar embarazada. Once meses después llegó al mundo Cristina y Fridita no tuvo tiempo de disfrutar los chiqueos y mimos que corresponden al hijo menor de las familias, pero no por eso fue menos feliz. La confiaron a una nana india, que olía a tortillas y a jabón, que no hablaba mucho pero solía cantar canciones de su tierra. Su piel era tan morena como blanca la de Frida, y era tan tranquila como impetuosa se mostraba la niña. Esta nana fue quien la alimentó y, probablemente, a la falta de unión íntima con la madre, tan necesaria para los bebés, se deba la discrepante relación de la artista con Matilde, a quien calificaría de "muy simpática, activa, inteligente, pero también de calculadora, cruel y fanáticamente religiosa".

Dicen que los niños criados sin mucho mimo se despabilan muy pronto y la niña era bien despabilada. Era vivaz, traviesa, más bien independiente y por momentos casi solitaria "hasta donde es posible en una familia con cuatro hijos". En comparación con ella, Cristina era una niña menos despierta, pero Frida se bastaba por las dos ya que la protegía y cuidaba, aun cuando a veces la regañara o se burlara de ella. Lo cierto era que Frida adoraba a su hermana menor.

Matilde, siempre recta y justa, notó cierto favoritismo de Guillermo por Frida, a quien éste consideraba la más inteligente de sus hijas y por la que sentía especial predilección. Por su parte, Frida describe a su padre como entrañable y cariñoso: "Mi niñez fue maravillosa —escribió en su diario—, aunque mi padre estaba enfermo (sufría vértigos cada mes y medio), para mí constituía un ejemplo inmenso de ternura, trabajo (como fotógrafo y pintor), y sobre todo de comprensión para todos mis problemas". Guillermo había impuesto sus propias costumbres en la casa familiar: cenaba solo frente a su mujer que lo contemplaba en silencio, después se encerraba en el salón y tocaba el piano un rato en un viejo instrumento de fabricación alemana. A veces se hundía en un sillón, con un libro en las manos, y se pasaba horas leyendo. También solía recibir a uno o dos amigos con los cuales jugaba interminables partidas de dominó.

Friduchita

Antes de iniciar la escuela primaria, Frida y Cristina fueron juntas a un colegio de párvulos, donde la maestra, una mujer de apariencia sombría y anticuada, les contaba historias fantásticas, para las cuales preparaba toda una escenificación realista, que por lo general acababa por asustar a los niños. El día que les habló sobre el sistema solar, el salón de clases estaba en penumbra y la maestra prendió fuego a una hoja de periódico, la cual sostenía en una mano, mientras en la otra tenía una naranja que hacía girar alrededor de la llama. Su voz era grave a la hora de dar la explicación y el efecto general de la demostración, asustó a Frida, al grado que mojó los calzones y bajo su asiento apareció un charquito que no podía pasar inadvertido.

Con mucho trabajo le quitaron los calzones mojados para ponerle otros, limpios, que pertenecían a una niña que vivía en la calle de Allende. Frida nunca olvidaría la humillación que sintió ese día y desde entonces abrigó un violento odio contra la vecina. Una tarde la vio frente a ella en la banqueta y se le fue encima. La niña chilló, se debatió, se puso roja y sacó la lengua como si fuera a vomitar. Por casualidad pasó por allí un panadero de barrio y separó a la atacante de la víctima. Matilde fue a ofrecer disculpas a los vecinos y todo volvió al orden. No obstante, reprendió severamente a Frida, quien no cesaba de repetir: "No-la-quie-ro. No-la-quie-ro". En un arranque de desesperación al ver que la niña no la escuchaba, la madre amenazó con "regalarla" si no rectificaba su conducta. Frida abrió lentamente los párpados y adoptó su expresión más seria para mirar a su madre directamente a los ojos.

La misma Frida cuenta la siguiente hazaña:

Un día, mi hermanastra María Luisa estaba sentada en la bacinica. La empujé y cayó hacia atrás con la bacinica y todo. Furiosa me dijo: 'Tú no eres hija de mi mamá y de mi papá. A ti te recogieron en un basurero'. Aquella afirmación me impresionó hasta el punto de convertirme en una criatura completamente introvertida.

Quizá la palabra exacta no sea introvertida pero lo cierto es que, hacia esa época, Frida empezó a gustar de los ratos de soledad. Aun cuando no estaba completamente sola, era capaz de abstraerse de lo que la rodeaba para sumergirse en historias que ella se inventaba, en un mundo imaginario que se creaba día con día.

Así, pues, se había inventado una amiga y para ir a su encuentro tenía que recorrer un largo camino. A la manera de *Alicia en el País de las Maravillas*, debía pasar "al otro lado del espejo". Le bastaba echar su aliento sobre uno de los cristales de la ventana y luego dibujar allí una puertecita de salida, unas veces rectangular y otras casi oval. Era por esa puerta por donde imaginaba que ella salía. Tenía alas en los pies cuando corría hasta llegar a una tienda que ostentaba el nombre "PINZÓN". Apartaba con sus manos un poco la "O" y se deslizaba al interior de lo que era la boca de un profundo pozo que la llevaba hasta el centro de la tierra. Bastaba con dejarse resbalar, llevada por el miedo y por el vértigo que le hacían latir violentamente el corazón. En el fondo, en la oscuridad y el calor que esfumaban los contornos de las cosas, donde caía suave y lentamente, estaba la casa de su amiga, quien, supuestamente, la estaba esperando.

Tras contarle a su "muda pero muy expresiva y alegre amiga" su vida y sus tormentos; sus historias de la escuela, de sus hermanas, de sus padres, las enfermedades, sus travesuras y sus interrogantes, las dos bailaban "hasta sentir el mareo en aquel lugar fuera del tiempo". La amiga era tan ligera como inmaterial, y se evaporaba en cuanto Frida, exaltada y renovada, fuerte en su posesión de un secreto inmenso, exclusivo de ella decidía volver a la superficie. Volvía a pasar por la "O" de "PINZÓN" y la puerta delineada en el cristal empañado por su aliento, que al punto borraba con el dorso de la mano. Ésta es la referencia de Frida:

> Corría con mi secreto y mi alegría hasta el último rincón del patio de mi casa y siempre en el mismo lugar, debajo del cedro, gritaba y reía, asombrada, de estar sola con mi gran felicidad y el recuerdo tan vivo de la niña.

A los seis años Frida se enferma de poliomielitis y su padre se ocupa especialmente de ella durante los nueve meses de convalecencia. Su pierna derecha adelgazó mucho y el pie se quedó atrás en el crecimiento. A pesar de que Guillermo la animaba a hacer regularmente ejercicios de fisioterapia para fortalecer los músculos debilitados, pierna y pie quedaron rezagados. Estas anormalidades, ella las intentaba ocultar de joven bajo pantalones y más tarde bajo largas faldas de tipo mexicano.

No cumplía aún los siete años, cuando Matilde, su hermana mayor que tenía 15, decidió una noche fugarse con su novio y se lo comunicó a "Friduchita". Primero le hizo prometer que no diría nada y después que pusiera el pasador a la puerta cuando ella hubiese salido. Frida cumplió su promesa. Cuando tuvieron que resignarse ante la evidencia de la fuga, Guillermo no dijo una palabra y se encerró en el salón; Matilde pasó por todos los estados de la cólera y la desesperación. "Matita" no reapareció en cuatro años.

Si durante su infancia la llamaban "Frida la coja" o "Frida pata de palo" —algo que la hería profundamente—, posteriormente despertaría admiración al crear una moda muy peculiar que disimularía su defecto, pero mientras tanto, en esa época, la pequeña Frida tuvo que enfrentar las burlas que la alcanzaban como latigazos. ¿Cómo acostumbrarse a un defecto físico cuando frases burlonas, crueles, vienen a recordarlo constantemente? El médico había ordenado que hiciera mucho ejercicio, toda clase de deporte y Frida había decidido valerse de toda su energía, forzar al cuerpo, para competir en los juegos con los demás niños. Corría más rápido, llegaría a ser campeona de natación, pedalearía en su bicicleta hasta agotarse...

Solía ir de excursión con su padre, quien entusiasta pintor aficionado, se dedicaba a pintar en acuarela paisajes campiranos. Él le enseñó a utilizar la cámara fotográfica, a revelar fotos, a retocar y a colorear, conocimientos que le serían muy útiles para su pintura.

La rehabilitación intensiva a que estaba sometida Frida, costaba dinero y las preocupaciones materiales habían penetrado en la casa azul junto con los gritos de las primeras rebeliones. Guillermo Kahlo ya no era el fotógrafo oficial del patrimonio nacional mexicano. Ya no podía librarse de las fotografías comerciales de estudio que hubiera preferido dejar a otros. Y en ese campo, donde las técnicas se perfeccionaban cada día la competencia era feroz. Todo el ingenio de un decorado no era suficiente para hacer fortuna. Guillermo estaba cada día más preocupado, y Matilde más nerviosa y obsesiva, empeñada en dirigir la vida de todos los miembros de la familia. Fue entonces cuando Frida empezó a llamarla "mi jefe". Sin embargo Guillermo, más cansado pero siempre sereno, no había abandonado su costumbre cotidiana de tocar el piano. Frida, apoyada contra la pared, con los ojos entrecerrados, escuchaba detrás de la puerta a su padre.

La estudiante de preparatoria

Tras obtener su certificado escolar de la *Oberrealschuke* en el Colegio Alemán de México, en 1922 Frida presentó el examen de ingreso a la Escuela Nacional Preparatoria, preámbulo obligado de los estudios universitarios. Y fue aprobada.

Así como Guillermo no había vacilado en pagarle a Frida los mejores centros deportivos para su rehabilitación, tampoco quiso ahorrar en la elección de la preparatoria. Frida era la más inteligente de sus hijas, a la cual había que proporcionarle todos los medios para triunfar en la vida, como si fuera el hijo varón en cualquier otra familia. Matilde, que no se acostumbraba a ideas que consideraba muy europeas, se mostró algo reticente pero finalmente tuvo que ceder ante los argumentos de su liberal marido.

Instalada en el antiguo y venerable edificio del colegio jesuita de San Ildefonso, cuna de varias generaciones de científicos, universitarios, intelectuales, responsables de la nación, la Escuela Nacional Preparatoria ya había sufrido algunas modificaciones desde 1910. Anteriormente había sido sometida a la influencia europea durante el gobierno de Porfirio Díaz, pero después, con el movimiento revolucionario siguió el impulso de las olas del nacionalismo arrastradas por las revoluciones.

La escuela preparatoria se había convertido en uno de los centros de renacimiento del patriotismo mexicano. Se exaltaba el regreso a los orígenes; se apreciaba toda pertenencia a las raíces indígenas. De manera paralela, se incitaba a los estudiantes a conocer su herencia occidental, gracias a una política que en materia de cultura ambicionaba poner a los clásicos, en todos los campos, al alcance de todos. Se abrían bibliotecas, se lanzaban ediciones populares de grandes autores, se organizaban conciertos con entrada gratuita, o a precio módico, se abrían gimnasios públicos. Era también el momento del gran impulso de los primeros muralistas mexicanos: José Clemente Orozco, Diego Rivera,

David Alfaro Siqueiros, que contribuirían a poner el arte como un medio de expresión de ideales y testimonios de la historia, al servicio de las masas. Hasta los fotógrafos se comprometían a incluir en sus estudios imágenes, paisajes, trajes y accesorios típicamente mexicanos.

En el marco de esta efervescencia, Frida Kahlo, adolescente aún, entraba a la Escuela Nacional Preparatoria. Era entonces una jovencita esbelta y fina, cuya gracia extrema todos coinciden en destacar. Sus cabellos, oscuros, caían en melena corta a los lados de su rostro, siempre serio. Dicen que era hermosa, con una belleza sobria y natural, lejos de la coqueterías que afectaban a las jóvenes de su edad. Vestía

Frida Kahlo entró a la Escuela Nacional Preparatoria en 1922. Era entonces una jovencita esbelta y fina, cuya gracia extrema todos coinciden en destacar.

al estilo de las estudiantes de secundaria alemanas: falda tableada azul marino, camisa blanca y corbata, calcetas y botitas y un sombrero con cintas.

La escuela preparatoria marcó un cambio total en el pequeño mundo de Frida. Se abriría un abismo, inevitable, entre ella y su universo familiar, suave y protegido. Un rompimiento geográfico que traería consigo el despertar de una conciencia, de múltiples aspectos insospechados de una cultura. Un rompimiento formativo: Frida Kahlo dejaba atrás la infancia. Ella misma describe así este despertar:

La palabra clave de mi adolescencia fue: euforia...

Una ventaja: el contexto histórico en que evolucionábamos nos concernía, daba un sentido a la energía de nuestra juventud. Había causas justas por las cuales debíamos batirnos y que forjaban nuestro carácter.

Éramos extremadamente curiosos de todo, ávidos de comprender, de saber. Siempre teníamos ganas de aprender, nuestra sed era insaciable. Y estaba bien.

Todos sentíamos, en el más alto grado, hasta qué punto éramos parte integrante de una sociedad. Individualmente nos dispersábamos, pero todas nuestras riquezas estaban puestas, en común, al servicio de un porvenir mejor, si no para la humanidad entera, al menos para nuestro país.

Éramos los hijos de una revolución y algo de ella descansaba sobre nuestros hombros. Era nuestra madre nutricia, nuestra madre portadora. Un sentimiento histórico incontestable vibraba en nuestro cerebro, anterior, medio y posterior, y teníamos plena conciencia de él, y un gran orgullo.

Teníamos la espontaneidad de la juventud, a veces con su ingenuidad también —la receptividad inmediata—, unida a cierta madurez. (Porque, indudablemente, nuestra reflexión sobre el mundo, a cada instante, nos hacía madurar).

Medíamos lo que había sido el conjunto de los factores culturales que nos habían precedido, y nos remontábamos en el tiempo hasta muy lejos. Sabíamos que éramos la consecuencia de individuos y acontecimientos, y su peso era una fuente de atracción. Era difícil evitarlos.

Era una época realmente linda. También mis amigos eran lindos (y todavía lo son: prueba de que lo que vivimos no nos dejó librados al azar). Como nosotros nos encontrábamos en estado de ebullición permanente, nos parecía que todo lo que tocábamos también quedaba impregnado de él.

Yo no tuve que sufrir los "¿quién soy?" de algunos adolescentes. Cada paso *era*. Y yo *era* también.

Mi vida estaba resueltamente orientada hacia lo universal, y terminaba hasta por olvidar mi pierna. Nunca más oí el ruido sordo de una piedrita lanzada contra mi bota, inútil signo de desprecio, cosas de gente que no tiene qué hacer con su vida y se rebaja más aún tratando de alcanzar la de otros, hijos de una imaginación y unos juegos enfermos, a quienes les han enseñado que la seguridad en sí mismo se adquiere humillando a otro... Mientras que toda fuerza verdadera se enmascara de vulnerabilidad; una comodidad, casi un lujo.

Yo estaba rodeada de quienes tenían aspiraciones superiores, generosas, y eso también me ayudaba, sin duda. Mi pierna no le interesaba a nadie, y eso era lo mejor.

Teníamos fe y esperanza. Creíamos en nuestras fuerzas para cambiar lo que había que cambiar en esta tierra y teníamos razón: nuestras fuerzas casi nos superaban.

Y sobre todo, nuestro impulso era vital. Éramos puros, incontaminados aún.

La escuela estaba cerca del Zócalo, en el corazón de la ciudad de México, en lo que ahora es el Centro Histórico, y ahí, entre arquitecturas, ruido y movimiento a los que Frida no estaba acostumbrada. Lejos del pueblo de Coyoacán, aprendió a ver una sociedad, a moverse en ella, a descubrir un mundo hasta entonces desconocido para ella, y lo que preferiría de él serían los mariachis de la Alameda, con sus trajes festoneados, galoneados, y sus característicos sombreros y sus guitarras.

Dicen sus contemporáneos que cuando Frida llegó a la escuela preparatoria, enseguida se distinguió de las demás alumnas por su vestimenta. Ellas se vestían a la moda, muy arregladas y hasta elegantes. Frida, por su parte, las encontró inmediatamente ridículas y nunca cambió de opinión.

Muy pronto comprendió cómo se establecía la red de comunicaciones entre los estudiantes. La escuela estaba dividida en grupos, tan numerosos como diferentes eran sus aspiraciones, intereses y actividades.

Algunos grupos se dedicaban exclusivamente a las actividades deportivas, otros se concentraban en las cuestiones religiosas y otros se dedicaban a debatirlas. Había un grupo periodístico que imprimía su pequeño periódico y otro que se dedicaba exclusivamente a estudiar la filosofía. Otros grupos discutían de arte y traían en sus bolsillos croquis, lápices, gomas, pinceles, hojas manuscritas dobladas en cuatro, manchadas de tinta. Algunos preconizaban el activismo político social y se organizaban para ello.

A la hora de la elección Frida vaciló entre los "Contemporáneos" y los "Maistros", dos grupos literarios que más adelante darían algunos nombres célebres, pero finalmente se hizo miembro de tiempo completo y sin remordimiento de los "Cachuchas" —llamados así por las que usaban para distinguirse y reconocerse— un grupo más heteróclito, a la vez más creador y más abierto, más original, provocador, insolente, atrevido y buscador de problemas... anarquista de corazón. Se cultivaban leyendo de todo, sin distinción:

filosofía, literatura y poesía extranjera o hispanoamericana, periódicos y manifiestos contemporáneos. Además, se identificaban con las ideas social-nacionalistas del ministro de cultura José Vasconelos, por lo que los inspiró para hacer reformas en la escuela.

Eran nueve, entre ellos dos mujeres: Alejandro Gómez Arías, José Gómez Robleda, Manuel González Ramírez, Carmen Jaime, Frida Kahlo, Agustín Lira, Miguel N. Lira, Jesús Ríos y Valles y Alfonso Villa. La mayoría de ellos, al llegar a la edad adulta, serían personajes importantes en el mundo intelectual y universitario mexicano. Mientras tanto adquirían la gloria a fuerza de juegos de palabras y de travesuras, cada una más grande que la anterior. En eso Frida se destacaba.

Pero si las travesuras eran una actividad importante y "organizar un golpe" era la actividad predilecta del grupo, aun cuando no concebían la idea de encerrarse en dogmas, por lo cual se apartaban de cierta militancia política que juzgaba "criterio estrecho", tampoco deseaban ser considerados como apolíticos. Los "Cachuchas" revindicaban un socialismo que quería probarse pasando por el famoso retorno a los orígenes.

A pesar de que era una lectora ávida, Frida no se aplicaba al estudio. Le interesaban la biología, la literatura y el arte, pero más le fascinaban las personas. Por suerte lograba obtener altas calificaciones sin empeñarse mucho, tenía la capacidad de recordar el contenido de un texto después de haberlo leído una sola vez. Se creía con el derecho de no asistir a las conferencias dadas por maestros mal preparados o aburridos. Solía sentarse justo fuera de la clase a la que decidía faltar, y les leía a sus amigos en voz alta. Cuando resolvía acudir, siempre animaba el ambiente. Aparte, su falta de respeto hacia los profesores a veces alcanzó el extremo de solicitar su destitución ante el director.

Los "Cachuchas" tampoco guardaban respeto por los pintores. Vasconcelos comisionó a varios entre 1921 y 1922 para pintar murales en la preparatoria. Encaramados en sus andamios se convertían en blancos perfectos. Contaba José Gómez Robleda, uno de los "Cachuchas", que ellos prendían fuego a las virutas y desechos de madera que se desprendían de las estructuras donde realizaban su obra los pintores: "Ahí estaba el pobre pintor, en medio de las llamas que arruinaban su trabajo; por lo que los pintores comenzaron a usar grandes pistolas". Uno de estos muralistas era Diego Rivera y empezó a formar parte del fascinante mundo recién descubierto por Frida Kahlo.

Un pintor llamado Diego

Diego Rivera recibió el encargo de hacer un mural en el anfiteatro Bolívar, el auditorio de la preparatoria. Entre todos los artistas, su personalidad era la más pintoresca. En 1922, tenía 36 años. Era conocido mundialmente y estaba muy gordo. Le encantaba hablar mientras pintaba y su energía, además de su parecido con una rana, le garantizaban el público. Otra atracción, en esos tiempos en que los profesores y funcionarios públicos usaban trajes negros, cuellos almidonados y sombreros *homburg*, era la vestimenta característica de Rivera: un sombrero *Stetson*, grandes zapatos negros de minero y un cinturón ancho de piel (a veces una cartuchera), el cual apenas lograba sostener la ropa holgada que tenía la apariencia de que el pintor había dormido con ella puesta durante una semana.

Con frecuencia, Frida le gastaba bromas a Diego y éste la impulsaba a ello. Aunque los alumnos no debían entrar al anfiteatro mientras trabajaba el artista, ella conseguía colarse sin ser vista y robaba la comida de su canasta del almuerzo. En una ocasión enjabonó la escalera que bajaba del escenario del anfiteatro, donde él trabajaba, y se escondió tras un pilar para observar. Sin embargo, Diego tenía la costumbre de caminar lenta y pausadamente, colocando con mucho cuidado un pie delante del otro, moviéndose como si estuviera suspendido en un medio líquido, y nunca se cayó. No obstante, al otro día el profesor Antonio Caso rodó por las mismas escaleras.

Por lo general, posaban para el pintor una serie de hermosas modelos que permanecían con él en el andamio. Una de ellas fue su amante y después esposa, Lupe Marín; otra, la conocida belleza Nahui Olín, que sirvió de modelo para la figura representante de la poesía erótica del mural, además de ser pintora ella misma. A Frida le gustaba ocultarse en el portal oscuro y gritar: "¡Eh! Diego, ¡ahí viene Nahui!", cuando Lupe se encontraba en el andamio. Si no estaba nadie con el pintor y ella veía llegar a Lupe, decía en un fuerte susurro, como si Diego estuviera a punto de ser sorprendido en una situación comprometedora: "Cuidado, Diego, que ahí viene Lupe".

Parece que, desde esta época, ella sintió cierta fascinación por el pintor, pues se cuenta que en una ocasión en que un grupo de alumnas estaba en una nevería hablando sobre sus aspiraciones para el futuro, Frida hizo una asombrosa declaración: "Anhelo tener un hijo con Diego Rivera. Algún día se lo voy a decir". Una de sus compañeras (Adelina Zendejas) protestó objetando que Diego era un viejo "barrigón, mugriento, de aspecto horrible". Frida replicó: "Diego es bondadoso, cariñoso, sabio y encantador. Lo lavaría y limpiaría". Afirmó que tendría un hijo suyo "en cuanto lo convenza para que coopere". Frida misma recordaba que, aunque se mofaba de Diego con apodos como "viejo panzón", siempre pensó, al mismo tiempo: "Ya verás, panzón; ahora no me haces caso, pero algún día tendré un hijo tuyo".

Esto fue lo que Diego Ribera escribió en su autobiografía *My Art, My Life* sobre Frida, estudiante de la Preparatoria:

Una noche estaba pintando hasta arriba en el andamio mientras Lupe (Marín) tejía abajo, cuando escuchamos un fuerte griterío y empujones contra la puerta del auditorio. De repente ésta se abrió de un golpe y una niña, que no parecía tener más de diez o doce años, fue impulsada hacia dentro.

Vestía como cualquier otra alumna, pero sus modales la distinguían de inmediato. Poseía una dignidad y confianza en sí misma poco comunes y un fuego extraño brillaba en sus ojos. Su belleza era la de una niña, mas sus senos estaban bastante desarrollados.

Miró directamente hacia arriba. "¿Le causaría alguna molestia que lo viera mientras trabaja?", preguntó.

De ningún modo, señorita, me encanta", contesté.

Se sentó y me miró en silencio, los ojos fijos en cada movimiento de mi pincel. Al cabo de unas horas, se despertaron los celos de Lupe, y empezó a insultar a la niña, la cual, sin embargo, no le hizo caso. Desde luego, eso enfureció aún más a Lupe. Apoyando las manos en las caderas, se acercó a la niña y la desafió agresivamente. Ésta sólo se puso rígida y devolvió la mirada sin pronunciar palabra alguna.

Visiblemente asombrada, Lupe la miró de manera airada por largo tiempo. Después sonrió y me dijo, con un tono de admiración reconocida a regañadientes: "¡Mira a esta niña! Por pequeña que sea, no teme a una mujer alta y fuerte como yo. Realmente me cae bien".

La niña se quedó ahí más o menos unas tres horas. Al salir, sólo dijo: "Buenas noches". Un año después, supe que era la dueña oculta de la voz que salió por detrás del pilar y que se llamaba Frida Kahlo. Sin embargo, no tuve ni idea de que algún día sería mi esposa".

Esto último sucedería, formalmente, siete años después; hasta agosto de 1929.

El primer amor

Durante sus años de estudiante, Frida fue novia del jefe indiscutible de los "Cachuchas", Alejandro Gómez Arias, un joven burgués, inteligente y culto, apenas mayor que ella. Tenía fama de ser un brillante y enérgico orador, narrador divertido, estudiante erudito y buen atleta. Era también apuesto, de frente amplia, bondadosos ojos oscuros, nariz aristocrática y labios finos. Además, sus modales eran sofisticados, quizá algo exagerados. Todo el tiempo estaban juntos y se enorgullecían de una amistad que asombraba a sus compañeros, más inclinados, por su edad, al amor que a la amistad. Frida no le permitía una sola insinuación sobre otra cosa que no fuera amistad, sin embargo, a pesar de ella misma, el amor llegó con Alejandro. A este tema, Frida le dedicaría algunas páginas en el relato de su vida. Nosotros rescatamos este párrafo:

> El primer amor llegó a paso de gato. No lo oí ni lo vi llegar. Me invadió poco a poco, vivió en mí un momento antes de lanzar su flecha de Cupido a mi conciencia. Antes que tuviera tiempo de percibir su presencia. Antes de aceptar esa presencia y confesarla. Él era mi mejor amigo...

Como adulta, Frida amaría a grandes hombres, y empezó encariñándose con Alejandro. Él había entrado a la preparatoria en 1919, tres años antes que la joven. Por un tiempo fue su preceptor, luego su cuate y finalmente su novio. Frida utilizaba esta última palabra, la cual implicaba, en ese entonces, un vínculo romántico que frecuentemente terminaba en matrimonio. Sin embargo, Gómez Arias dijo que sólo fue su gran amiga de la escuela y que "era espontánea, quizá un poco ingenua y cándida en su manera de ser, pero con una viva y dramática necesidad de descubrir la vida". Parece ser que Alejandro cortejaba a su "niña de la preparatoria", como ella se llamaba a sí misma, con flores y palabras graciosas.

En esta época se hizo llamar Frieda y no Frida, se quitó edad, empezó a decir mentiras a su familia y se preparó a vivir la relación amorosa a la que aspiraba. Después de la escuela, la pareja solía caminar y platicar incesantemente. Intercambiaban fotografías y, cada vez que se tenían que separar, cartas.

Como los padres de Frida no aprobaban la relación de los jóvenes, sus encuentros eran, pues, secretos. Frida inventaba pretextos para abandonar la casa o regresar tarde de la escuela y esperaba las sombras de la noche o buscaba el anonimato de un lugar público para escribir sus cartas, las cuales siempre adornaba o ilustraba con dibujos, marcas de besos o claves secretas. A veces empleaba a Cristina como mensajera, aunque esta cómplice no siempre estaba dispuesta a cooperar. Estos amores con Alejandro Gómez Arias durarían más de dos años.

Entre diciembre de 1923 y enero de 1924, Frida y Alejandro fueron separados no sólo por las vacaciones de fin de año, que en el calendario escolar de esa época duraban dos meses, sino también por el estallido de una rebelión contra el presidente Obregón el 30 de noviembre de 1923 —la rebelión delahuertista. Para la época navideña ya se combatía en la Ciudad de México. Vasconcelos renunció a su cargo de secretario de Educación en enero, como protesta contra la represión de los rebeldes, pero fue persuadido a reasumirlo. La sublevación duró hasta el mes de marzo (1924), y finalmente fue sofocada, dejando un saldo de siete mil muertos. No obstante, la situación política siguió inestable y Vasconcelos volvió a renunciar en junio en protesta contra la elección a la presidencia de Plutarco Elías Calles, lograda con el apoyo del presidente Obregón e intereses estadounidenses. Entre las manifestaciones de protesta por estos sucesos, los alumnos conservadores de la preparatoria hicieron "pintas" sobre las obras de los muralistas, las escupieron y escribieron palabras ofensivas. Aun cuando los "Cachuchas" eran apolíticos, lo más seguro es que hayan participado en las manifestaciones en apoyo de Vasconcelos. Sin embargo Frida no pudo unirse a ellos pues su madre le prohibía salir cuando había revuelos políticos o corría el rumor de violencia. Así, pues, el 16 de diciembre de 1923, le escribía a Alejandro:

> Estoy triste y aburrida en este pueblo. Aunque es bastante pintoresco, le falta un no sé quién que todos los días va a la Iberoamericana... Cuéntame qué hay de nuevo en México, de tu vida y todo lo que me quieras platicar, pues sabes que aquí no hay más que pastos y pastos, indios y más indios, chozas y más chozas de los que no se puede escapar, así que aunque no me creas estoy muy aburrida con *b* de burro... cuando vengas por amor a Dios, tráeme algo que leer, porque cada día me vuelvo más ignorante. (Discúlpame por ser tan floja).

Frida y Alejandro se volvieron a separar en abril cuando ella estuvo en un retiro espiritual, pero de regreso, en la escuela, se reanudaron las pláticas, las cartas, y el amor se intensificó. En la segunda mitad de 1924 sus cartas, reflejan una sombra de tristeza y cierta inseguridad en su necesidad de reafirmar constantemente que él la quiere. En ese entonces se convirtió en "su mujer", además de que él seguía siendo su *cuate*. Más tarde, Alejandro recordaba: "Frida era sexualmente precoz. Para ella, el sexo constituía una manera de disfrutar de la vida, una clase de impulso vital".

En 1925 Frida había cambiado su aspecto y su carácter. Tenía 18 años, el cabello largo recogido en un chongo; usaba medias de seda y zapatos de tacón alto, prueba visible de feminidad. Su carácter se había vuelto extrovertido y dicen que era muy simpática y chistosa. Nunca pasaba inadvertida.

En esta época Frida Kahlo se anima a trabajar para ganar dinero, especialmente porque proyectaba irse a los Estados Unidos con Alejandro. Esto es lo que ella decía:

Como mis padres no eran ricos, tuve que trabajar en una maderería. Mi trabajo consistía en llevar la cuenta de la madera que salía cada día, y también la que entraba, y de qué color y calidad era. Trabajaba por la tarde, y por la mañana iba a la escuela. Me pagaban sesenta y cinco pesos al mes, de los cuales no gastaba un centavo.

A veces la joven ayudaba a su padre en el estudio fotográfico, tomando y retocando fotografías. Pero como carecía de la paciencia suficiente para hacer este tipo de trabajo, presentó una solicitud para un puesto de empleada en la biblioteca de la Secretaría de Educación, y aunque fue aceptada, permanecería poco tiempo trabajando allí: una empleada de la biblioteca se propuso seducirla y el asunto llegó a oídos de la familia, que armó un escándalo. Por supuesto, perdió el empleo.

Después trabajó en una fábrica pero duró poco tiempo porque no le gustó. El siguiente trabajo le interesó más. Se colocó de aprendiz de grabado a sueldo con un amigo de su padre, el próspero impresor comercial Fernando Fernández. Éste le enseñó a dibujar mediante la copia de estampas hechas por el impresionista sueco Anders Zorn, y descubrió que tenía un "talento enorme". Según Alejandro Gómez Arias, Frida respondió entregándose a una breve aventura con él.

A los dieciocho años, Frida Kahlo ya no era la jovencita que iba a la preparatoria con su falda tableada y los cabellos revueltos cayéndole a los lados de la cara. Se había convertido en una mujer, imbuida del impetuoso optimismo de los años veinte, desafiante de la moral convencional e impasible ante la desaprobación de sus compañeros más conservadores.

La intensa originalidad de su nueva persona se manifiesta en una serie de fotografías tomadas por Guillermo Kahlo. En una de ellas, la joven Frida destaca sobre el grupo familiar, de vestimenta convencional, por traer un traje de

La joven Frida destaca sobre el grupo familiar, de vestimenta convencional, por traer un traje de hombre con chaleco, pañuelo y corbata.

hombre con chaleco, pañuelo y corbata. Adopta una postura
masculina, con una mano en el bolsillo y un bastón en la
otra. Desde ahí nos observa con una mirada aguda y des-
concertante, llena de esa mezcla de sensualidad y enig-
mática ironía que reaparece en tantos autorretratos suyos.

El accidente

Durante el verano de 1925 Frida se quedó en casa leyendo
a los filósofos alemanes que tanto admiraba su padre:
Schopenhauer, Nietzsche... Leyó a Oscar Wilde y la poesía
de López Velarde. También pensó mucho en Alejandro.

Cuando se despedía el verano y el otoño se asomaba al
otro lado de la calle, la tarde del 17 de septiembre, alegre

como de costumbre, feliz porque iba con ella Alejandro, Frida subió a un camión: a uno de esos que hacía poco habían empezado a circular por la ciudad. Un camión con largas bancas de madera barnizada a cada lado; con puertas, piso y techo también de madera. Iba repleto de gente pues era la hora de la salida del trabajo, la hora de regresar a casa. Era de la línea Coyoacán. Los jóvenes iban sentados uno junto al otro, reñían y también reían, aprovechando el último rato que pasaban juntos antes de volver cada uno a su casa. El tranvía de Xochimilco se acercaba lentamente por sus vías que el camión estaba a punto de cruzar. Se deslizaba muy despacio, quizá el camión tendría tiempo de pasar... o quizá no. El tranvía no pudo frenar y alcanzó al camión por el centro arrastrándolo varios metros, siempre lento, muy lento. La caja del camión se curvaba cada vez más sin ceder. Las rodillas de los pasajeros de una banca chocaban con las de los que estaban enfrente. Los gritos de los pasajeros se escapaban por las ventanas rotas mientras el camión adoptaba, sin dificultad aparente, la forma de un arco de un círculo. De pronto voló en pedazos, lanzando a los pasajeros en todas direcciones. El tranvía seguía avanzando lentamente, con dificultad.

Ésta es la versión de Frida:

Fue un choque raro. No fue violento, sino silencioso y pausado, y dañó a todos: más que a nadie, a mí. A poco de subir al camión empezó el choque. Antes habíamos tomado otro camión, pero a mí se me perdió una sombrillita y nos bajamos a buscarla; por eso subimos a aquel camión que me destrozó. El accidente ocurrió en una esquina, frente al mercado de San Juan, exactamente enfrente. El tranvía marchaba con lentitud, pero nuesto camionero era un joven muy nervioso. El tranvía, al dar la vuelta, arrastró al camión contra la pared... mentira que una se da cuenta del choque, mentira que se llora. En mí no hubo lágrimas.

El choque nos lanzó hacia delante y a mí, el pasamanos, me atravesó como la espada a un toro.

Alejandro quedó debajo del tranvía. Como pudo se levantó y buscó con los ojos a Frida. Ella yacía sobre lo que quedaba de la plataforma del camión, casi desnuda, cubierta de sangre y de oro — "no sé de dónde le había caído encima un paquete de polvo de oro; con su traje hecho jirones, el color de la sangre y el oro aquél, parecía bailarina" —. Frida trató en vano de incorporarse. No sentía nada, no veía nada: no pensaba más que en recuperar sus cosas que se le habían caído. Un hombre que se había acercado a mirarla, gritaba "la chica, la bailarina, tiene algo en la espalda... tiene algo en la espalda", mientras Alejandro, cojeando, acudía junto a Frida. Ésta dijo: "Sí, es cierto, siento algo en mi espalda..."

Instantes después, Alejandro la transportaba en brazos y la colocaba con mucho cuidado sobre una mesa de billar sacada precipitadamente de un café. Aquel hombre, el que descubriera un "algo" en la espalda de Frida y que se quedó en el anonimato, no perdió ni un instante su sangre fría, en una operación violenta y rápida, arrancó el enorme trozo de metal que atravesaba el cuerpo de Frida de lado a lado.

"Cuando lo jaló, Frida gritó tan fuerte que no se oyó la sirena de la ambulancia de la Cruz Roja cuando llegó" —refirió más tarde Alejandro Gómez Arias—. En el lugar del accidente, el joven Gómez Arias había perdido el color y estaba temblando. En mangas de camisa, solo, en medio de los gritos, de la destrucción, de la confusión, del ir y venir de camilleros que transportaban a los heridos, quizá muertos ya, totalmente paralizado en ese segundo momento por el horror del espectáculo, no hacía más que repetirse: "Se va a morir... Se va a morir..."

Sin pérdida de tiempo, llevaron a Frida al hospital de la Cruz Roja de San Jerónimo a donde entró directamente a la sala de operaciones. Sin embargo, los médicos vacilaban en actuar; no se hacían ilusiones: sin duda moriría durante la intervención. Su estado era tan crítico que pidieron avisar, enseguida, a su familia.

Frida describió la reacción de su familia de esta manera:

> Matilde se enteró por el periódico y fue la primera en acudir; durante tres meses no se separó de su hermana. Al saber la noticia, mi hermana Adriana se desmayó. Mi madre se quedó muda de la impresión por un mes. A mi padre le causó tanta tristeza que se enfermó y pude verlo sólo después de veinte días.

Fue Matilde, la mayor de las hermanas Kalho, quien acompañó y atendió a Frida todos los días que permaneció en el hospital. Era ella la que hablaba con los médicos, que no dejaban de mostrarse pesimistas. No le faltaba paciencia, buen sentido ni vitalidad. Su presencia al lado de Frida en esos momentos tan difíciles sería para ésta un apoyo muy preciado y también un valioso estímulo. Reconfortante, cálida, alegre, no cabe duda que contribuyó mucho para la recuperación de su hermana. Iba y venía entre el hospital, la casa paterna a la que llevaba noticias y de donde traía cosas, libros para Frida, y su propia casa, donde se cambiaba de ropa a toda velocidad y preparaba algún bocadillo o golosina para Frida y para ella.

> Fue Matilde quien me levantó el ánimo: me contaba chistes. Era gorda y feíta, pero tenía gran sentido del humor. Nos hacía reír a carcajadas a todos los que estábamos en el cuarto. Tejía y ayudaba a la enfermera en el cuidado de los enfermos.

Frida recibió la visita de los "Cachuchas" que le llevaron regalitos, periódicos, dibujos, pruebas de su afecto. Vecinos de Coyoacán le llevaban flores y toda clase de golosinas. Nunca en su vida hasta entonces se había visto tan mimada y cuidada. Moralmente, eso la ayudaba. Sin embargo, físicamente, pasaron semanas sin que se observara en ella mejoría alguna. Frida se quejaba mucho, sobre todo del dolor de espalda.

El primer diagnóstico serio llegó un mes después del accidente y se lo dio un nuevo médico justamente el día que abandonaba el hospital de la Cruz Roja:

Fractura de la tercera y cuarta vértebras lumbares, tres fracturas de la pelvis, once fracturas en el pie derecho, luxación del codo izquierdo, herida profunda en el abdomen, producida por una barra de hierro que penetró por la cadera izquierda y salió por la vagina, desgarrando el labio izquierdo. Peritonitis aguda. Cistitis que hace necesaria una sonda por varios días.

Entonces le recetaron un corsé de yeso que debería usar durante nueve meses, y reposo absoluto en cama por lo menos dos meses, después de su salida del hospital.

En el verano de 1925, sufre un terrible accidente que la incapacitó para la maternidad y le causó dolor toda su vida. Frida encontró en este exvoto su propio accidente.

II

La mujer de hierro

Una lucha de por vida

La desgracia obligó a Frida a guardar cama durante tres meses —uno en el hospital y dos en su casa—. Tras esta convalecencia parecía sana, pero continuó padeciendo frecuentes dolores en la espina dorsal y en la pierna derecha. Hubo periodos en los que su estado de salud era más o menos bueno y apenas se notaba su cojera, pero gradualmente se fue desmejorando. Olga Campos, una amiga de toda la vida de Frida conservó el historial médico de, por lo menos, treinta y dos operaciones quirúrgicas, la mayoría en la columna vertebral y el pie derecho, antes de sucumbir, a veintinueve años del accidente.

Además, no pudo evitar sufrir de pesadillas. "Con frecuencia me perseguían las pesadillas —escribiría después—. Yo corría, cojeando, y me iba muy lejos... ¿De qué? Del dolor, de las inyecciones de *Sedol* o de cocaína, de una náusea que no tenía nombre... Atrapada en una tempestad de lágrimas, hasta vomitar. Buscas en un planeta blanco, cloroformo, barrotes blancos de una cama de hospital, corredores que sólo conducen al accidente... Yo, levantándome, volviéndome a caer, agarrándome al vacío... Resbalando sobre la plataforma destrozada del camión... Bola de nervios, hule, rodando, rodando, puro dolor... Corriendo, desmelenada, corriendo, pobre coja, corriendo desesperadamente. Corriendo para escapar de la espada que me iba a atravesar, de la herida abierta. Metal y carne. Corriendo para tratar de huir de la muerte, simplemente..."

A pesar de la inmovilidad prescrita, Frida se daba maña para escribirle numerosas cartas a Alejandro Gómez Arias. El 5 de diciembre escribió que "lo único bueno que le pasaba era que empezaba a acostumbrarse a sufrir". Convalecía en su casa desde el 17 de octubre, condenada no sólo a guardar cama sino a estar acostada todo el tiempo. A ratos, con muchas precauciones, le acomodaban algunos cojines bajo la espalda y así alzaba un poco la cabeza. Sentarse estaba absolutamente prohibido y a veces, cuando de forma instintiva trataba de erguirse, al punto sentía tales dolores, que estallaba en sollozos.

"Me duele como no tienes idea —se quejaba en una de las cartas—; a cada jalón lloro a litros". Pero lo más desesperante era que los médicos seguían dando "diferentes versiones" de cada síntoma, y los cuidados eran primarios: baños calientes, compresas, masajes y algunas inyecciones para aliviar los dolores demasiado violentos. Entre los diagnósticos aproximados, y una familia que pasaba una época difícil, no se podía esperar mejor medicina. Todos estaban de acuerdo en que poco a poco y dentro de lo posible, Frida "iba mejor".

Desde que había salido del hospital y estaba en su casa, en Coyoacán, habían cesado las visitas de sus compañeros de la preparatoria. Para la mayoría de ellos, Coyoacán estaba muy lejos de la escuela y de sus casas. Además, el estado de Frida era realmente lamentable.

Uno de los médicos había recomendado aire y sol para ayudar a la recuperación de Frida. Inmovilizada en cama como estaba, era una de las cosas más difíciles de darle. Además, durante ese periodo, la casa azul, debido en parte a la situación de Frida que tantas inquietudes causaba a la familia (Matilde mamá se había enfermado seriamente de los nervios, Guillermo había caído en un silencio del cual no salía, y las hermanas vivían constantemente bajo tensión), estaba invadida por la tristeza.

Sin embargo, Frida seguía luchando. En su lecho, intentaba poner en claro sus ideas. Habría que suspender los estudios de medicina que tenía proyectado hacer, y sin duda sus estudios en general. Necesitaba cuidados especiales y éstos afectaban en gran manera los escasos recursos de su familia que no tenía para pagar su reinscripción a la Escuela Nacional Preparatoria ni hacer frente a los gastos que eso implicaría. Además, habría que ver hasta dónde podría valerse por sí misma una vez que se levantara de la cama. Ya se decía que no iba a poder mover uno de los brazos porque el tendón se había encogido. Y en cuanto a la pierna más maltratada, a la pelvis, y a la espalda, aún no se podía prever nada.

Para colmo de males, Alejandro Gómez Arias no contestaba las cartas de amor que Frida seguía escribiéndole desesperadamente. Parece ser que Gómez Arias se había alejado con el pretexto —según supo—, de que algunos meses antes ella había tenido una relación con un tal Fernández (el dueño del taller de grabados donde trabajara antes del accidente). Este rumor perjudicó, también, sus relaciones con sus demás compañeros de la escuela.

Mas contra toda esperanza, Frida se restableció. O más bien, quizá, sobrevivió. A mediados de diciembre, Matilde hizo publicar en un periódico el agradecimiento de la familia Kahlo a la Cruz Roja por haber salvado a su hija.

El 18 de diciembre Frida dio su primer paseo por la calle. Con vendas y curaciones en distintas partes del cuerpo, débil a pesar de su antigua condición física, se paró a esperar un camión que la llevara al centro de la ciudad. Y gracias a la fuerza de su carácter y a su gran voluntad, superó la prueba. Caminó, no sin trabajos, por el Zócalo y por las calles aledañas; entró en la Catedral, encendió seis cirios y colocó una ofrenda (un corazón de metal) en el altar de la Virgen de Guadalupe. Después, se dirigió a la colonia San

Rafael con la intención de visitar a Alejandro, pero no lo encontró, porque él no quería ser encontrado. Sin embargo Frida le seguiría escribiendo y gracias a estas cartas se han reconstruido los meses de convalecencia y algunos más. Llegó el fin de ese trágico año de 1925 y en marzo, la primavera. Frida aún se reponía de un accidente que seguía vivo en sus pesadillas nocturnas y al mismo tiempo luchaba contra el desamor que le demostraba Alejandro. Le seguía escribiendo, quizá por costumbre o como un desahogo a sus dolores. Pese al dolor, pese a su cuerpo maltrecho, manifestaba pura fuerza.

Al terminar el verano de 1926, Frida sufrió la primera recaída, casi un año después del accidente. Un cirujano ortopédico descubrió que tres vértebras estaban fuera de lugar; tuvo que usar una serie de corsés de yeso que la mantuvieron inmovilizada durante varios meses, además de un aparato especial para el pie derecho. Regresaron las horas de llantos y gemidos, y durante las primeras semanas volvió a desquiciarse la casa azul. Mas poco a poco Frida se fue calmando, aun cuando debía permanecer todo el tiempo en cama. Ahí leía, escribía cartas a sus amigos, llenaba páginas con dibujos que representaban escenas de su vida, deseos, sueños, emociones, y que a menudo agregaba a su correspondencia. Sus cartas revelan que no se habían cumplido ciertos tratamientos médicos necesarios porque su familia no los podía pagar, y cuando reunían algo de dinero, las intervenciones habían sido ineficaces: "Ya no sirve el segundo corsé de yeso que me pusieron —decía en una de sus cartas a Alejandro— y en eso se han tirado casi cien pesos a la calle, pues se los entregaron a un par de ladrones que es lo que son la mayor parte de los doctores".

Fue precisamente en esa época cuando, casi por pura casualidad, empezó a dedicarse a la ocupación que cambiaría su vida. "Como era joven —afirmó— la desgracia no adquirió un carácter trágico en ese entonces: creí tener energía suficiente para hacer cualquier cosa en lugar de estudiar para doctora. Sin prestar mucha atención, empecé a pintar".

La pintora inmóvil

Frida contaba varias versiones de cómo se inició en la pintura. Esto es lo que dijo en una entrevista con motivo de una exposición de su obra en Nueva York:

> Nunca pensé en la pintura hasta 1926, cuando tuve que guardar cama a causa de un accidente automovilístico. Me aburría muchísimo ahí en la cama con una escayola de yeso (me había fracturado la columna vertebral así como otros huesos), y por eso decidí hacer algo. Robé unas pinturas para óleo de mi padre, y mi madre mandó hacer un caballete especial, puesto que no me podía sentar. Así empecé a pintar.

La versión de uno de sus biógrafos relata que "uno de esos largos domingos en que se reunía toda la familia, Matilde penetró en la recámara de Frida seguida por Guillermo, un tío, Adriana, una caja de herramientas y grandes trozos de madera. A Matilde se le había ocurrido la idea de transformar la cama de Frida, una cama corriente, en un lecho mucho más refinado, regio: una cama con dosel. Desplazaron a la enferma y todos se pusieron a trabajar con gran entusiasmo. Ese mismo día quedó lista la nueva cama, y el remate de la obra fue un espejo sujeto al techo de la cama. "Así, hija, podrás verte siquiera" —había dicho Matilde, satisfecha de su idea.

Dicen que cuando Frida vio su imagen en el espejo, cerró los ojos aterrada, ya que no podía moverse y voltearse para esquivar la imagen. Después declararía:

> ¡El espejo! Verdugo de mis días, de mis noches. Imagen tan traumatizante como los propios traumatismos... Pero de pronto, allí bajo ese espejo omni-

presente, se hizo imperioso el deseo de dibujar. Tenía tiempo, no sólo para trazar líneas sino para infundirles un sentido, una forma, un contenido. Comprender algo de ellas, concebirlas, forjarlas, retorcerlas, desligarlas, reunirlas, llenarlas... Al modo clásico, para aprender utilicé un modelo: yo misma. No fue fácil; por más que una misma sea el tema más evidente, también es el más difícil...

Me han preguntado muchas veces por esa persistencia en el autorretrato. Al principio no tenía elección, y creo que esa es la razón fundamental de esa permanencia del yo-sujeto en mi obra... Del modo más académico, hice de mí misma mi modelo, mi tema de estudio. Y me apliqué.

Mi padre tenía desde hacía muchos años una caja de colores al óleo, unos pinceles dentro de una copa vieja y una paleta en un rincón de su tallercito de fotografía. Le gustaba pintar y dibujar paisajes cerca del río de Coyoacán, y a veces copiaba cromos. Desde que era niña, como se dice comúnmente, yo le tenía echado el ojo a la caja de colores. No sabría explicar el porqué. Al estar tanto tiempo en cama, enferma, aproveché la ocasión y se la pedí a mi padre. Como un niño, a quien se le quita su juguete para dárselo a un hermano enfermo, me la "prestó..."

Cuando pintó su primer cuadro, regalo de amor para Alejandro, Frida tenía diecinueve años.

Poco después la iniciativa de Matilde se perfeccionaría. Una especie de tabla de dibujo, colgada del techo de la cama, completa el uso del espejo. Es gracias a esa audaz estratagema como Frida, encorsetada, impedida en sus movimientos, casi paralizada por orden médica, trabaja en su cuadro, en su primer autorretrato: la imagen de una joven perfecta, bella, impasible, con un vestido color vino de cuello bordado, mirando directamente a los ojos de quien la contempla.

El cuadro no pasó inadvertido a la sensibilidad artística de Alejandro Gómez Arias y parece que lo conmovió. La pintura de Frida sirve para reanudar la relación entre los dos jóvenes. El último trimestre de 1926 transcurre con Frida confinada en su cama y Alejandro presente; pero esto no duraría mucho tiempo ya que empezando el año nuevo él se va de viaje, primero a Oaxaca, después hacia Europa con el fin de realizar sus estudios superiores. Dicen que sus padres se propusieron alejarlo de Frida por considerarla, "demasiado especial".

Para Frida fue otro gran golpe, y sin poder reaccionar, sin poder moverse, sin poder hacer otra cosa, por muchos días se dedicó a llorar. No obstante, una vez más se sobre-

Primer autorretrato de Frida Kahlo. La artista lo pintó durante su convalecencia después del accidente para regalárselo a su amigo de la preparatoria Alejandro Gómez Arias.

pone e inmediatamente empieza a escribirle cartas, único testimonio de lo que era ella, de lo que vivía. Esto fue lo que escribió el 10 de enero de 1927:

> Estoy como siempre, mala, ya ves qué aburrido es esto, yo ya no sé qué hacer, pues hace ya más de un año que estoy así y es una cosa que ya me tiene hasta el copete, tener tantos achaques, como vieja, no sé cómo estaré cuando tenga treinta años, me tendrás que traer envuelta en algodón todo el día y cargada... ¡Estoy *buten buten* de aburrida!... Esta casa en donde tngo un cuarto ya la sueño todas las noches y por más que le doy vueltas y más vueltas ya no sé ni cómo borrar su imagen de mi cabeza (que además cada día parece más un bazar). ¡Bueno! Qué le vamos a hacer, esperar y esperar... ¡Yo que tantas veces soñé con ser navegante y viajera! Patiño me contestaría que es *one* ironía de la vida. ¡Já, já, já, já! (no te rías)... Bueno, después de todo, conocer China, India y otros países viene en segundo lugar... en primero ¿cuándo vienes?... Espero que sea mucho más pronto, no para ofrecerte algo nuevo pero sí para que pueda besarte la misma Frida de siempre...

El 10 de abril escribe que, además de sus propios pesares, ahora sufre porque su mamá está enferma y su papá preocupado por la falta de dinero. El 25 le cuenta cómo no le pudieron poner el nuevo corsé de yeso que debían haberle colocado ese día porque su padre no tenía los sesenta pesos necesarios, y enseguida afirma que en realidad sí podrían haber conseguido el dinero, pero en su casa nadie cree que esté verdaderamente enferma. Sólo su madre se compadece de ella, y ahora se ha enfermado y los demás piensan que es por culpa de ella. Se queja de que no tiene nada bueno que leer, y tampoco deseos de hacerlo: "No puedo hacer más que llorar, y a veces ni siquiera eso puedo hacer".

Finalmente la familia pudo reunir el dinero necesario y le colocaron el nuevo corsé en el Hospital Francés. La fabricación del corsé duró cuatro horas y fue un martirio para Frida, que tuvo que estar colgada de la cabeza para que la columna le quedara en la posición correcta, mientras la envolvían con vendas empapadas en yeso frente a un aparato mecánico que despedía aire y hacía de secador. Nadie estaba autorizado para acompañar a Frida en esta sesión que duró cuatro horas y que fue bastante dolorosa y difícil. A la una de la tarde salió del hospital. Su hermana Adriana la llevó de regreso a la casa.

El nuevo corsé le causaba más molestias y dolores que los anteriores. Sentía que no tenía espacio para respirar; no podía tocarse la pierna derecha; no conseguía caminar y para colmo, no podía dormir. Frida estaba desperada y había adelgazado mucho. Aparte de esto, la familia también sufría estragos: a Guillermo le daban ataques de epilepsia cada vez con más frecuencia, Matilde empezó también a tener "ataques" con síntomas idénticos a los de su marido y la economía de la familia estaba a la quiebra. Frida se sentía tan mal que repetía constantemente que se moriría si cuando llegara el momento de quitarle el corsé tenía que sufrir igual que para ponérselo. Pero pese a todos sus sufrimientos, continuaba escribiéndole a Alejandro cada semana, refiriéndole sus angustias, comentándole sus lecturas (Jules Renard, Heri Barbuse), sus proyectos de pintar cuando pudiera moverse, sentarse, levantarse de la cama que llamaba "esta caja", "este ataúd". Estos son algunos fragmentos de lo que Frida pensaba y sentía por aquella época:

Ya no pensaba que me iba a morir. O digamos que lo visualizaba menos que unos meses antes. La muerte ya no era la trama de las horas de mis días; se había disuelto en el dolor que soportaba, en el fastidio que me cansaba el simple hecho de no ser libre en mis actos, de no poder moverme y salir como me diera la gana, de no poder hacer casi nada sin ayuda de alguien. Dependencia de los demás, insoportable, y un agotamiento permanente: una carga para mí misma. El terror, el pánico a la muerte había sido relegado a un segundo plano, ciertamente, pero yo estaba siempre en el límite, y verdaderamente, en algunos momentos hubiera deseado morir...

Cuando ya había dejado de esperarlo, el cielo se aclaraba de repente; cuando me parecía posible, el horizonte se ensombrecía como antes de una mala tormenta. De la luz gris plomo y del gris plomo a la luz. El desequilibrio, a menos que eso sea el equilibrio, justamente... Pero en fin, una sigue soñando, un poco, a pesar suyo; una se agarra de un salvavidas, de la salvación imaginaria... Una está por ahogarse, pero en la superficie se vislumbra algo que nos hace resurgir...

A medida que pasaban los meses, se confirmaba la evidencia de que Frida sería pintora.

Todo sucedió sin que ella pensara ni en los obstáculos que encontraría en el camino, ni en la gloria que pudiese alcanzar: la pintura le llegó del fondo de sí misma. "Fluía de sus aguas mentales, de su memoria, de su imaginería interior, de las imágenes exteriores que su historia había integrado. De su cuerpo maltrecho, por sus llagas abiertas, la pintura desbordaba, salía de Frida".

Desde el principio, la vida hizo a Frida Kahlo una artista que obra por necesidad. Por eso mismo tenía el principal elemento para realizar una obra fuerte y personal. Buscando en ella misma para escoger un lenguaje, el de la pintura, podría salvarse, hasta donde era posible, de su lamentable estado.

Tras su primer autorretrato, se abocó a la realización de retratos de todos los que la rodeaban, de sus amigos. Cada vez que podía trabajaba concienzudamente en sus cuadros. Cuando no quedaba satisfecha los rompía o quemaba. Avanzaba con lentitud, producía en pequeñas dosis y en pequeños formatos: "lo que su salud le permitía hacer". Además de sus propios recursos, procuraba documentarse de todo lo que encontraba sobre pintura; leía mucho y continuaba cultivándose. De cada una de sus experiencias, de sus estados de ánimo, de sus reflexiones, de sus penas y de sus escasas esperanzas, le hablaba a Alejandro en las cartas que le seguía enviando. En mayo de 1927 le dice que es preferible que esté enferma ahora que él está lejos. Le promete que mejorará, pero describe su situación en términos sombríos: "... ya me aburro y muchas veces creo que sería preferible que me llevara de una vez... la tía de las muchachas". Frida tiene lesionado el nervio ciático y otros, y dos costillas por lo menos.

En junio le retiraron el corsé que le habían puesto en el Hospital Francés ya que debía ser reemplazado por otro, que ella describe como "una envoltura áspera y gruesa". Pero el sufrimiento que había experimentado cuando le pusieron el segundo, no era nada comparado con el que tuvo que soportar el tiempo que duró sin ninguno hasta que le colocaron el siguiente. Lloró, pidió ayuda creyendo que se iba a desplomar. La cabeza le daba vueltas, sentía sobre su cuerpo enflaquecido las manos que la sostenían, le llegaban palabras que no conseguía oír del todo. Frida se desmayaba de dolor. Había soñado tanto con estar sin el corsé, pero en ese momento lo único que deseaba es que volvieran a ponérselo.

Con el tercero, más grande que los anteriores, los médicos esperaban evitarle una operación, por lo menos posponerla. Cada visita al médico daba ocasión a nuevas promesas, en las que Frida no creía en absoluto: estaba convencida de que todos los médicos eran ladrones y que no sentían ningún interés por mejorar su estado.

Además de la desgracia de Frida, había que enfrentar la situación económica de la familia, la cual se había vuelto crítica, y en ocasiones no tenían lo necesario para pagar una simple radiografía, que sin embargo, era imprescindible.

Todo lo que era sacrificable, se había sacrificado ya; la casa de Coyoacán había sido hipotecada meses antes, los muebles franceses del salón y hasta las porcelanas y la cristalería fina que había adornado mesitas y aparadores habían sido vendidos a un anticuario de la calle de Bolívar. Como Frida se sentía en gran parte responsable de las dificultades materiales de la familia, empezó a hablar de buscar trabajo en cuanto se sintiera mejor. Mas el tercer corsé inmovilizó a Frida nuevamente en la cama, tanto y tan bien que se pensó tomarle, dos meses después, la radiografía de la columna en su habitación, sin moverla.

Obligada por las circunstancias a abandonar la pintura por algunas semanas, leyendo mucho, escribiendo pocas cartas, aferrándose a las promesas de curación reiteradas por los médicos, Frida cumplió ese verano veinte años. Ese día, Matilde rezó, con infinita devoción, agradeciendo a Dios mantener a su hija con vida y pidiéndole mejor salud para el futuro. Guillermo le regaló una hermosa edición, de páginas ya amarillentas, del *Torcuato Tasso* de Goethe. Un trocito de papel marcaba una página donde una crucecita, dibujada a lápiz, indicaba dos versos. Frida leyó:

Und wenn der Mensch in seiner Quaal verstummt,
Gab mir ein Gott, zu sagen, wie ich leide.

Y cuando el hombre, en su sufrimiento, queda mudo, un dios me ha concedido decir lo que padezco.

"Este es mi padre —pensó Frida—. Ante todo Alemania, los poetas, los filósofos. Habla tan poco, ¡pero cuánto lo quiero! Algún día se lo diré... Es como aquella historia de los versos de Nietzsche que le recitó a mi mamá cuando se conocieron: en el fondo, nunca se sabe si habla solamente para él mismo... Pero es posible que no, después de todo; que haya pensado en mí al leer esto..."

Un mes después, una tarde de agosto, los "Cachuchas" organizaron una fiesta del cumpleaños de uno de ellos en casa de Frida. El salón que sólo conservaba el piano y la biblioteca de Guillermo, ese día presentaba una atmósfera cálida y jovial. Cantaron, bailaron, recitaron poemas y discutieron. Como única excepción, Frida fue transportada en su silla de ruedas al centro de toda esa animación y aunque no pudo participar activamente en la celebración, observó y escuchó. Cuando todos se fueron no pudo contener el llanto por su suerte; además, Alejandro no había vuelto de su viaje. En septiembre le escribió que en Coyocán todo seguía igual, las tardes eran tristes y grises. En ese mes se cumplieron dos años del accidente, y seguía enferma y casi sin esperanzas. Además, se quejaba de sentirse sola y hablaba sin cesar del reencuentro cuando él, Alex, regresara.

El renacimiento

Cuando Alejandro Gómez Arias volvió de Europa, en noviembre de 1927, encontró a Frida suficientemente restablecida para llevar una vida activa, casi normal. Frida no reanudó sus estudios de preparatoria pues todavía le dolía la pierna, y además había decidido dedicarse a pintar, pero sí se reunía regularmente con sus antiguos compañeros, quienes estudiaban en las escuelas profesionales de la Universidad y participaban en congresos nacionales de estudiantes y manifestaciones de protesta.

Al paso de los meses, la relación con Alejandro había recobrado su carácter profundo: una amistad excepcional que perduraría de por vida. A su regreso a México, Gómez Arias se convirtió en un fervoroso militante de la Confederación Nacional de Estudiantes y terminó por enamorarse, en 1928, de una de sus compañeras, amiga también de Frida —Esperanza Ordóñez—, lo que, por supuesto, causaría una gran decepción en la joven. Por su parte, Frida comenzaría a frecuentar los medios artísticos de la Ciudad de México, cuyos integrantes participaban, de cerca o de lejos, en la lucha comunista.

En esa época el país estaba en plena campaña presidencial: en los primeros meses de 1928 fue asesinado el presidente electo Álvaro Obregón y José Vasconcelos competía por el poder con Pascual Ortiz Rubio, candidato del presidente en funciones Plutarco Elías Calles. Los estudiantes apoyaban la candidatura de Vasconcelos y por otro lado, luchaban por la autonomía universitaria. Se perdió la primera causa, pero la segunda fue ganada en 1929.

Vasconcelos había llegado a la conclusión de que el régimen de Calles era aún más corrupto y despótico que el de Porfirio Díaz, por lo cual decidió presentarse como candidato del Partido Nacional Antirreeleccionista. Estaba consciente de que era imposible ganar la elección, pero él y sus seguidores creían que era un imperativo moral la lucha contra el caudillismo y por el renacimiento del espíritu democrático y mexicanista de principios de los años veinte.

La lucha por alcanzar la autonomía universitaria estaba relacionada de alguna manera con aquel movimiento, pues en parte también constituía una propuesta contra la opresión gubernamental. Todo empezó en 1922, cuando Justo Sierra declaró que la Universidad, fundada por él mismo dos años antes, debía quedar libre de la intervención del gobierno. El primer rector de la institución Joaquín Eguía Liz, fue aún más lejos: sostuvo que la Universidad debía ser autónoma. En mayo de 1929 se declaró la huelga estudiantil a escala nacional, porque el presidente de la República cerró la Escuela de Derecho después de que los estudiantes rechazaron la propuesta de un nuevo sistema de exámenes.

Los estudiantes se manifestaron en una gran marcha de protesta llevando pancartas propagandísticas, pero el gobierno la sofocó enviando a su encuentro a la policía montada, a los bomberos y a soldados armados. Alejandro Gómez Arias, elegido presidente de la Confederación Nacional de Estudiantes en enero de 1929, se constituyó en el líder indiscutible del movimiento. "No nos dejemos convencer por la violencia" —arengaba a sus compañeros en apasionados discursos—. Finalmente, en julio, se firmó la ley que instituyó la Universidad Nacional Autónoma de México, la cual fue aprobada en el Congreso y entregada, en una ceremonia, a Alejandro.

Germán del Campo era otro líder estudiantil que canalizaba opiniones contra el militarismo y el imperialismo en numerosos discursos durante la campaña electoral, en los que se expresaba en contra de los callistas y a favor de Vasconcelos. Fue a través de Germán que Frida conoció a Julio Antonio Mella, el célebre militante comunista cubano exiliado en México. Editor, periodista, revolucionario convencido y apasionado, vivía entonces con una bella fotógrafa italiana: Tina Modotti.

Tina llegó a México desde California en 1923, como aprendiz y compañera del gran fotógrafo Edward Weston. Se quedó después de que éste abandonó el país, y se involucró cada vez más en la política comunista, en gran parte por sus continuas aventuras con el pintor Xavier Guerrero y Mella. Se movía en un ambiente artístico y militante, escandaloso por sus costumbres bohemias, por sus ideas liberales de todo, "por las intrigas que se anudaban y se resolvían al azar de los encuentros". Dicen sus contemporáneos que el mundo artístico mexicano de los años veinte la había aceptado sin reservas, mundo que incluía a los pintores Jean Charlot, Roberto Montenegro, Best-Maugard, Nahui Olín y Miguel y Rosa Covarrubias; a la escritora Anita Brenner, la editora de *Mexican Folkways* (Costumbres mexicanas), Frances Toor y, desde luego, a los principales muralistas: Orozco, Siqueiros y Rivera.

Frida y Tina simpatizaron enseguida y ésta arrastró a su nueva amiga a las reuniones políticas y a las fiestas de artistas que se celebraban en distintas partes de la capital mexicana. Fue en esta época cuando Frida se afilió al Partido Comunista, en el que militaban ya muchos de sus viejos y nuevos amigos.

Así, pues, Frida Kahlo empezó a vivir una vida nueva. Sus noches eran muy movidas; siempre había alguna manifestación o algún debate al que no se podía faltar. O bien, se organizaban cenas en casa de uno o de otro, donde surgían las discusiones sobre la situación del país, sobre el sentido de la militancia, sobre las acciones por realizar, sobre las ideas en general y sobre el arte.

Fue una de esas noches de polémica, en un lugar atestado de gente, de algarabía, de música y de humo de cigarro, donde Frida encontró a quien había de convertirse en el hombre más importante de su vida: Diego Rivera.

Diego Rivera

En 1928, Frida Khalo tenía veintiún años y Diego Rivera cuarenta y uno. Era el más famoso artista de México, con la peor reputación. Indudablemente había cubierto más paredes que cualquier otro muralista.

Dicen que pintaba con tal velocidad que a veces parecía estar impulsado por una fuerza telúrica. "No soy solamente un 'artista' —afirmaba— sino un hombre que desempeña su función biológica de producir pinturas, del mismo modo que un árbol produce flores y fruta". En efecto, el trabajo era una especie de droga para él y cualquier impedimento para su realización lo irritaba, fueran las exigencias de la política, una enfermedad o los pequeños detalles de la vida cotidiana. De cuando en cuando trabajaba sin parar durante varios días, comiendo sobre el andamio y, cuando era necesario, dormía ahí también.

Se dice, también, que le gustaba rodearse de amigos y espectadores cuando pintaba, a los que entretenía con relatos sobre su participación en la Revolución Rusa, por ejemplo, o sobre experimentos con una dieta de carne humana, particularmente de muchachas jóvenes, envuelta en tortillas. "Es como de lechón muy tierno" —declaraba.

Diego María de la Concepción Juan Nepomuceno Estanislao de la Rivera y Barrientos Acosta y Rodríguez había gozado de un buen aprendizaje en el arte de la pintura y trabajaba deliberadamente, como un profesional. Pintaba desde los tres años, cuando su padre lo observó llenando las paredes de dibujos y puso a su disposición un cuarto forrado de pizarrones, donde podía dibujar hasta quedar satisfecho. Nació en 1887 en Guanajuato. Su padre era un maestro masón y libre-pensador y su madre, una piadosa mujer dueña de una tienda de dulces. Desde niño se le consideró como prodigio y a los diez años pidió que lo inscribieran en una escuela de arte. Mientras continuaba su educación primaria en el día, tomaba clases nocturnas en la escuela de arte más prestigiada de México: la Academia de San Carlos. Ganó premios y becas; mas para el año 1902 las técnicas académicas le parecían demasiado limitadas y abandonó la escuela para seguir trabajando por su cuenta.

En esa época, sólo existía en el mundo un lugar para un estudiante de arte con ambiciones, y Rivera se marchó a Europa en 1907 —año en que Frida nació—, armado de una pensión concedida por el gobernador de Veracruz. Después de pasar un año en España, se estableció en París donde permaneció, con excepción de varios viajes, hasta su regreso a México en 1921. En Europa dejó a Angelina Belfo, quien había sido su compañera por diez años, a una hija ilegítima que tuvo con otra mujer rusa y a muchos amigos, sobre todo entre los círculos bohemios: Picasso y Gertrude Stein, por ejemplo, Guillaume Apollinaire, Elie Faure, Ilya Ehrenburg y Diaghilev.

Ya en México, conoció a una jovencita de Jalisco, con quien tuvo dos hijas: Guadalupe Marín. Vivió con ella siete años hasta septiembre de 1927 que se marchó a la Unión Soviética como miembro de la delegación mexicana de "obreros y campesinos", para asistir al décimo aniversario de la Revolución de Octubre y para pintar un fresco en el Club del Ejército Rojo. Nunca terminó el proyecto, pues siempre parecía interponerse algún obstáculo burocrático. En mayo de 1928, el Partido Comunista Mexicano le pidió que regresara de inmediato, según todas las apariencias, para trabajar en la campaña presidencial de Vasconcelos.

Su primer trabajo en la Ciudad de México fue el mural titulado *Creación* que pintó en el anfiteatro Bolívar de la Escuela Nacional Preparatoria, (San Ildefonso). Dicen los expertos que esta obra carece de la *mexicanidad* que tendrían más adelante todas sus obras murales, quizá porque Rivera era todavía demasiado afecto a la pintura europea para encontrar las formas y los motivos que darían cuerpo a sus ideales. No obstante, al pintar la *Creación* descubrió su medio de expresión y la escala indicada: el mural monumental.

La *mexicanidad* de Rivera se puso realmente de manifiesto en los murales de la Secretaria de Educación Pública (1923-1928), los cuales empezó a pintar en cuanto terminó los trabajos en el auditorio de la preparatoria. En la Secretaría plasmó su pintura en los muros de los corredores abiertos que rodean el patio central del edificio. El tema de la Revolución, el indígena como un luchador valiente contra la opresión continua y por ganar nuevos derechos y libertades y una vida mejor, imperaba en la obra de los muralistas mexicanos. Era un tema muy rico y democrático que Rivera y los otros muralistas adoptaron con celo reformista, no sólo en su arte, sino también en su política.

En septiembre de 1923, los artistas respondieron a la proliferación de organizaciones laborales y campesinas durante los años posrevolucionarios, reuniéndose en la casa de Diego para fundar el Sindicato de Obreros Técnicos, Pintores y Escultores; Rivera, David Alfaro Siqueiros, Fernando Leal y Xavier Guerrero integraron el Comité Ejecutivo. En ese manifiesto declararon su simpatía hacia las masas oprimidas y su convicción de que el arte mexicano "es grande porque surge del pueblo; es colectivo, y nuestra propia meta estética es la socialización de la expresión artística, la destrucción del individualismo burgués. Rechazamos el llamado arte de caballete y todo arte que se derive de círculos ultraintelectuales, porque en esencia es aristocrático.

Aclamamos el arte monumental porque es de la propiedad pública. Proclamamos que siendo éste un momento de transición de un orden decrépito a uno nuevo, los creadores de belleza deben invertir sus mayores esfuerzos a fin de realizar un arte de valor para el pueblo. Nuestro supremo objetivo artístico, en un medio que hoy en día es sinónimo del placer individual, es el de dar origen a la belleza para todos, a una belleza que ilustre e incite a la lucha".

Y aún más, los pintores se atrevieron a proclamar que "el arte del pueblo mexicano constituye la expresión espiritual más grande y más sana del mundo." El arte prehispánico, antes despreciado por la influencia de los conquistadores, empezó a considerarse como un reflejo de algo mágico y aun notablemente mexicano en su esencia. Las artesanías populares se valoraban como obras de arte. Los mexicanos urbanos comenzaron a decorar sus casas con objetos muy coloridos comprados en los mercados y mandaban a hacer sus muebles al estilo rústico y pintados o laqueados de colores. Se encomiaron y clasificaron los trajes regionales del país y los vistieron incluso las mujeres mexicanas cosmopolitas. La comida típica remplazó a la cocina francesa en las mesas de los círculos sofisticados. Se retomaron, publicaron y cantaron, en las escuelas y salas de conciertos, los corridos de todas partes de la República mexicana. Los compositores mexicanos modernos Carlos Chávez, Silvestre Revueltas y Pablo Moncada, después, entretejieron su música con ritmos y armonías autóctonas, y un amigo de Diego Rivera, el compositor estadounidense Aaron Copland, escribió que "la huella principal de la personalidad indígena, su reflejo más intenso en la música de nuestro hemisferio se halla en la escuela actual de compositores mexicanos".

De igual manera, el teatro adoptó un colorido nacional. Las tandas, el teatro de revista, fiel a la tradición de antiguas formas españolas, se "mexicanizaron", al adaptar papeles para personajes típicos del país que, al igual de lo que se hacía en las artes visuales, simbolizaban diferentes aspectos de la nación. Miembros de la más sofisticada sociedad mexicana se congregaban en las carpas (teatros callejeros instalados en tiendas de campaña que representaban piezas satíricas sobre sucesos políticos), y aquellos que antes asistían al ballet clásico, se reunían en las ciudades y los pueblos para ver interpretar las danzas regionales y aprender a bailar danzas folklóricas en sus propias fiestas.

Sin tomar en cuenta ni inclinaciones ni antecedentes, la mayoría de los artistas que pretendían trascender, incorporaron elementos mexicanos en su obra. Aun los pintores de caballete con influencia europea adoptaban tonos como el rosa mexicano, motivos indígenas y detalles característicamente nacionales con ideas importadas de las diferentes escuelas, muy en boga en los años veintes del siglo pasado. El fervor nacionalista los hizo creer que "un arte realmente libre de influencias coloniales sólo sería posible mediante el rechazo de todo lo extranjero." Y el primero que sostenía esta posición nacionalista era Diego Rivera, aunque en sus momentos más sinceros reconocía la necesidad de fusionar la tradición europea con las raíces mexicanas, tronaba con los "falsos artistas", los "lacayos de Europa", que copiaban las modas de ese continente y así perpetuaban la condición "colonial" en la cultura del país.

Cuando Frida conoció a Rivera en 1928, éste ya estaba separado de Lupe Marín y libre de compromisos. La relación con Lupe había sido muy tumultuosa, apasionada y violenta. Rivera se refirió a ella utilizando términos que describen a los animales salvajes: "sus ojos verdes, tan transparentes que parecía estar ciega; dientes animales; una boca de tigre, manos como garras de águila". Según Lupe, la causa de su separación fue la infidelidad de Diego con Tina Modotti, quien, junto con ella misma, fueron las modelos de los magníficos desnudos que aparecen en el mural que pintó Rivera para la Escuela Nacional de Agricultura de Chapingo. Ahí fue donde empezaron sus relaciones y no era la primera vez que Lupe lo sorprendía con otra mujer. Lupe había aprendido a ser tolerante pero también a tomar venganza. Cuentan que en una ocasión, Lupe, furiosa por la infidelidad de su marido, tiró del cabello a su rival, desgarró varios dibujos y a él lo atacó a puñetazos. Todo esto ante los asombrados ojos de un grupo de invitados. Otra vez, destrozó algunos de los ídolos prehispánicos de la colección de Diego y le sirvió en una sopa los pedazos. Dicen que la verdadera razón fue que Lupe no supo tolerar el tener que compartir con otra mujer el centro de la atención pública en el mural de Chapingo. Y aun cuando la aventura de Diego con Tina terminó antes de que él partiera para Rusia, el matrimonio había "tronado".

Así, pues, a su regreso, Diego pudo dedicarse, con toda libertad, a tener un sin fin de aventuras amorosas. Las mujeres, en general, lo consideraban atractivo a pesar de que era irrefutablemente feo. "¡Es feo pero tiene una gran personalidad!" —exclamaban. En efecto, su apariencia física formaba parte de su encanto ya que era un hombre formidable, gordo, lleno de un humor brillante, de vitalidad y encantos. Podía ser tierno y cariñoso, así como muy sensual. Y parece que lo más importante estribaba en la fama que se había hecho, pues ésta constituía un atractivo irresistible para algunas mujeres. Se dice que ellas lo perseguían más que él a ellas, sobre todo las estadounidenses que venían a México exclusivamente para conseguir una cita con el artista.

En 1931, Diego Rivera habló a un reportero neoyorquino sobre el concepto que tenía de las mujeres:

Por naturaleza, los hombres somos unos salvajes. Lo seguimos siendo hoy en día. La historia demuestra que el primer progreso fue realizado por mujeres. Los hombres preferimos permanecer brutos, peleándonos y cazando. Las mujeres se quedaron en la casa y cultivaron las artes. Ellas fundaron la industria, fueron las primeras en contemplar las estrellas y en desarrollar la poesía y el arte... Muéstreme cualquier invento que no haya tenido su origen en el deseo (de los hombres) de servir a las mujeres.

Dicen que quizá los años que Rivera pasó en Europa cambiaron su actitud "machista". Gustaba de conversar con mujeres "inteligentes"; apreciaba sus mentes y tal postura constituía un raro deleite para la mayoría de las mujeres de ese entonces. También, lógicamente, apreciaba sus cuerpos, porque era un apasionado de la belleza femenina y gozaba de un apetito descomunal del placer visual. El maestro Rivera era, pues, un hombre "muy mujeriego", y nunca dejaría de serlo.

Diego y Frida debieron conocerse en una fiesta en la casa de Tina Modotti. Estas reuniones semanales que primero auspiciara el fotógrafo Edward Weston, las seguía celebrando, religiosamente, la Modotti, y en ellas se intercambiaban las últimas ideas acerca del arte y la Revolución. Eran reuniones muy animadas, a veces demasiado, en las que se cantaba, bailaba, conversaba, se comía y bebía lo que fuera asequible tanto para la anfitriona como para sus invitados. Según Frida, "el encuentro con Diego tuvo lugar durante una época en la que la gente cargaba pistola y andaba balaceando los faroles de la avenida Madero, además de otras tonterías. En la noche los rompían todos y recorrían las calles regando la ciudad de balas, sólo para divertirse. Una vez, en una fiesta de Tina, Diego disparó contra un fonógrafo y empecé a interesarme por él, a pesar del temor que le tenía".

Sin embargo, existen varias versiones sobre el encuentro de Frida y Diego. La "oficial" dice que cuando Frida se recuperó del accidente, empezó a mostrar sus cuadros a todos sus amigos y conocidos; entre otros, los vio Orozco y le gustaron mucho. "Me dio un abrazo" —afirmó Frida—. También llevó algunos lienzos con un hombre al que sólo conocía "de vista". Esto fue lo que ella dijo al respecto:

En cuanto me permitieron caminar y salir a la calle, fui a ver a Diego Rivera con mis cuadros. En ese entonces estaba pintando los frescos en la Secretaría de Educación. Sólo lo conocía de vista, pero lo admiraba muchísimo. Tuve el valor de hablarle para que bajara del andamio y viera mis cuadros, y me dijera, con sinceridad, si tenían o no algún valor... Sin más ni más le dije: "Diego, baja". Y por como es él, tan humilde, tan amable, bajó. "Oye, no vengo a coquetear ni nada, aunque seas mujeriego. Vengo a mostrarte mis cuadros. Si te interesan, dímelo y si no, también, para ir a trabajar en otra cosa y así ayudar a mis padres". Entonces me dijo: "Mira, a primera vista, me interesan mucho tus cuadros, sobre todo este retrato tuyo, que es el más original. Me parece que en los otros se nota la influencia de lo que has visto. Ve a tu casa, pinta un cuadro, y el próximo domingo iré a verlo y te diré qué pienso". Así lo hizo, y me dijo: "Tienes talento".

Diego relata su versión del encuentro de esta forma:

Poco antes de ir a Cuernavaca, tuvo lugar uno de los acontecimientos más felices de mi vida. Un día estaba trabajando en uno de los frescos del piso superior del edificio de la Secretaría de Educación, cuando escuché cómo una muchacha me gritó: "Diego, ¡por favor ven, baja de ahí! ¡Hay algo importante que debo discutir contigo!"

Giré la cabeza y miré hacia abajo. En el piso de abajo, estaba una muchacha de aproximadamente dieciocho años. Tenía buen cuerpo, vigoroso, coronado por un delicado rostro. Su cabello era largo; oscuras cejas pobladas se unían arriba de su nariz. Parecían alas de mirlo, y sus arcos negros formaban un marco para dos extraordinarios ojos color café.

Cuando bajé, me dijo: "No vine a divertirme. Tengo que trabajar para ganarme la vida. He terminado unos cuadros que quisiera que vieras en plan profesional. Quiero una opinión completamente franca, porque no me puedo permitir seguir con esto sólo para satisfacer mi vanidad. Quiero que me digas si piensas que puedo llegar a ser una artista lo suficientemente buena, para que valga la pena continuar. He traído tres de mis cuadros. ¿Quieres verlos?".

"Sí", contesté, y la seguí hacia un recinto ubicado debajo de una escalera, donde había dejado sus cuadros. Los volteó todos, apoyándolos contra la pared. Los tres eran retratos de mujeres. Considerándolos uno por uno, inmediatamente me impresionaron. Los lienzos revelaban una energía expresiva poco usual, delineaban los caracteres con precisión, y eran realmente severos. No mostraban ninguno de los trucos que, por lo regular, distinguen el trabajo de principiantes ambiciosos, que los utilizan en nombre de la originalidad. Poseían una sinceridad plástica fundamental y una personalidad artística propia. Comunicaban una sensualidad vital complementada por una capacidad de observación despiadada, aunque sensible. Evidentemente, esta muchacha era una verdadera artista.

Sin duda se dio cuenta del entusiasmo que se reflejaba en mi rostro, pues antes de que pudiera decir nada, me amonestó, con un tono duro y a la defensiva: "No he venido en busca de cumplidos. Quiero la crítica de un hombre serio. No soy ni aficionada al arte, ni diletante. Simplemente soy una muchacha que tiene que trabajar para vivir".

Me sentí profundamente conmovido de admiración hacia esa muchacha, y me tuve que contener para no alabarla todo lo que hubiera querido. Sin embargo, no podía ser completamente falso. Me desconcertaba su actitud. Le pregunté cuáles eran sus razones, y si no confiaba en mi juicio. Ella misma había venido a pedírmelo, ¿o no?

El problema radica en que algunos buenos amigos me advirtieron que no hiciera mucho caso de lo que me dijeras, replicó; afirman que si una muchacha, que no sea horrorosa pide tu opinión, estás dispuesto a cubrirla de elogios. Bueno, sólo quiero que me digas una cosa. ¿Realmente crees que debo seguir pintando, o mejor me dedico a otro tipo de trabajo?

"Opino que, pese a lo difícil que se te pueda hacer, debes seguir pintando", contesté de inmediato.

"Entonces haré caso a tu consejo. Ahora quisiera pedirte otro favor. Tengo más cuadros, y me gustaría que los vieras. Puesto que no trabajas los domingos, ¿podrías ir a mi casa este domingo a verlos? Vivo en Coyoacán, Avenida Londres 126. Me llamo Frida Kahlo".

En cuanto oí su nombre, recordé cómo mi amigo Lombardo Toledano, cuando era director de la Escuela Nacional Preparatoria, se quejó conmigo acerca de la indocilidad de una muchacha de ese nombre. Según él, era la cabecilla de una pandilla de delincuentes juveniles que armaban tales alborotos en la escuela que Toledano pensó en renunciar. Recordé cómo me la señaló una vez, después de dejarla en la oficina del rector para una reprimenda. Entonces, de repente, otra imagen apareció en mi mente, la de la niña de doce años que siete años atrás desafió a Lupe en el auditorio de la escuela, donde estaba pintando unos murales.

Exclamé: "Pero tú eres..."

Me calló rápidamente, colocando la mano casi sobre mi boca. Sus ojos adquirieron un brillo malicioso.

"Con tono amenazador, respondió: "Sí, ¿y qué? Fui la del auditorio, pero eso no tiene nada que ver con lo de ahora. ¿Todavía quieres ir el domingo?"

Me fue muy difícil no contestar: "¡Más que nunca!" Pero si mostraba mi emoción, tal vez no me permitiría ir. Por eso sólo dije: "Sí".

Después de rechazar mi ayuda para cargar sus cuadros, Frida partió, con los grandes lienzos zangoloteando bajo los brazos.

El domingo siguiente me encontraba en Coyoacán, buscando la Avenida Londres número 126. Cuando toqué a la puerta, escuché a alguien arriba de mí, silbando "La Internacional". En lo alto de un árbol, vi a Frida vestida de overol. Empezó a bajar. Riéndose alegremente, me tomó de la mano y me hizo pasar a la casa, que parecía estar vacía, y a su cuarto. Ahí hizo alarde de todos sus cuadros. Éstos, su habitación y su vivaz presencia, me llenaron de asombroso júbilo.

Entonces no lo sabía aún, pero Frida acababa de convertirse en el elemento más importante de mi vida. Y lo seguirá siendo hasta la muerte...

Unos días después de esta visita a la casa de Frida la besé por primera vez. Al terminar mi trabajo en el edificio de la Secretaría, la empecé a cortejar en serio. Aunque sólo tenía 18 años —20 ó 21—, y yo más del doble de su edad, ninguno de los dos nos sentíamos molestos por eso. Su familia también parecía aceptar lo que estaba pasando.

Un día, su padre, don Guillermo Kahlo, un excelente fotógrafo, me llevó aparte.

—Veo que está interesado en mi hija ¿eh? —dijo.

—Sí —contesté—. De otro modo no estaría viniendo hasta Coyoacán para verla.

—Ella es un demonio —afirmó.

—Ya lo sé.

—Bueno, lo advertí —concluyó, y se fue.

Frida y Diego

Diego Rivera se casó, el pasado miércoles, en el pueblo vecino de Coyoacán; el discutido pintor contrajo matrimonio con la señorita Frida Kahlo, una de sus discípulas. Como se puede apreciar, la novia fue vestida con ropa muy sencilla de calle, y el pintor Rivera de americana y chaleco. La ceremonia fue modesta; se celebró en un ambiente muy cordial y discreto, sin ostentación ni formalidades pomposas. Después de su casamiento, los novios recibieron las calurosas felicitaciones de unos cuantos amigos íntimos.

La reseña de la boda de Diego y Frida apareció, en México, en el periódico *La Prensa* el 23 de agosto de 1929, y ese mismo día, en el *New York Times* de los Estados Unidos, donde el pintor era muy conocido.

El tiempo de noviazgo fue corto. Diego la visitaba en Coyoacán los domingos por la tarde, y Frida lo frecuentaba casi todos los días en el andamio, donde lo veía pintar. Dicen que Lupe Marín, a pesar de que ya estaba separada del pintor, se puso celosa. Éste es su testimonio:

Cuando fui a la Secretaría de Educación para dejarle el almuerzo, estaba pintando los murales en el edificio de Educación, me indignó la confianza con la que lo trataba una insolente niña... Le decía "mi cuatacho"... Era Frida Kahlo... Francamente me puse celosa, pero no le di importancia, pues Diego era tan propenso al amor como una veleta... Sin embargo, un día me dijo: "Vayamos a la casa de Frida"... Me pareció muy desagradable ver cómo esa supuesta jovencita tomaba tequila como un verdadero mariachi.

Lo cierto es que Diego se había encariñado sinceramente con Frida. Su franqueza lo desarmaba y la extraña mezcla de frescura y manifiesta sexualidad que la caracterizaba lo habían seducido. Le gustaba su arrojo, su picardía, "disfrutaba comportándose como un muchacho travieso". Admiraba su mente aguda y poco convencional, y juntos, Diego y Frida nunca se aburrían. Eran los dos muy parecidos: "veían la vida con una dosis semejante de ironía, hilaridad y humor negro". Ambos rechazaban la moral burguesa. Hablaban sobre materialismo dialéctico y "realismo social", pero para ambos éste último estaba estrechamente vinculado con la fantasía; mas era obvio que los dos no carecían de falta de imaginación. Sin embargo, Diego solía quejarse: "El problema con Frida es que es demasiado realista. No tiene ilusiones". A su vez, Frida lamentaba la falta de sentimentalismo de Rivera.

Durante su noviazgo con Diego, Frida empezó a pintar con mayor confianza y aplicación. Pensaba que era el mejor pintor del mundo, y el gusto que él manifestaba por la pintura de ella, hacía que el trabajo valiera la pena. También acudía con él a reuniones obreras, participaba en juntas clandestinas y pronunciaba discursos políticos, pero cambió su traje de hombre, sus ropas de obrero, su camisa de trabajador, su aire de muchacho frustrado, por la imagen de una mujer mexicana con enaguas de encaje, faldas largas, vestidos de colores, peinados con cintas, joyas típicas, y sobre los hombros, siempre un reboso. Quería gustarle a Diego, y poco a poco se volvió más mexicana que las mexicanas puras, sobre todo si se tiene en cuenta que ella era producto de una mezcla entre hispana, mexicana y alemana; que había estudiado en la escuela más reputada y elegante de México, que hablaba con fluidez el alemán y estaba impregnada de la cultura occidental.

Fue la última de las hermanas Kahlo en casarse y su boda no dejó de ser un alivio para sus padres. Por un lado, porque las solteronas no eran bien vistas en esa época, y por el otro, porque los Kahlo temían tener que afrontar ellos solos los gastos médicos de Frida por el resto de su vida. Además, ninguno de los padres de Frida gozaba de buena salud. Pese a todo, a Matilde no acababa de gustarle que el futuro marido de su hija le doblara la edad, fuera gordo, feo, artista, bohemio, comunista, ateo, controvertido y mundano. En cambio, Guillermo, aceptó los hechos prácticamente sin discusión.

Esto es lo que dijo Frida al respecto:

A los diecisiete años me enamoré de Diego, lo cual no les pareció a los míos pues Diego era comunista y decían que parecía un Brueghel gordo, gordo, gordo. Afirmaban que era como un casamiento entre un elefante y una paloma. No obstante, hice todos los arreglos necesarios en el registro de Coyoacán para poder casarnos el 21 de agosto de 1929. Le pedí unas faldas a la sirviente; quien también me prestó la blusa y el reboso. Me acomodé el pie con el aparato para que no se notara, y nos casamos.

Nadie, con excepción de mi padre, fue a la boda. Éste le dijo a Diego: "Dése cuenta que mi hija es una persona enferma y que estará enferma durante toda la vida; es inteligente, pero no bonita. Piénselo si quiere, y si desea casarse, le doy mi permiso".

Como Diego no se había casado con Angelina Beloff, y con Lupe lo había hecho sólo por la Iglesia —cosa que no era oficial en México—, con Frida contrajo matrimonio civil en el ayuntamiento de Coyoacán. Así, pues, Magdalena Carmen Frida Kahlo se unió en legítimas nupcias con Diego María Concepción Juan Nepomuceno Estanislao de la Rivera y Barrientos Acosta y Rodríguez. Ella tenía veintidós años, él estaba cumpliendo cuarenta y tres. Y pese a lo que decía su padre, la mujer de Diego Rivera era hermosa y distinguida.

Poco después de su casamiento, Frida y Diego organizaron una fiesta en casa de Tina Modotti a la cual acudieron todos sus amigos y se armó el ambiente de los grandes días: interminables discusiones, pulque y tequila en abundancia, música, y gritos de algarabía. Lupe Marín también estaba ahí, y cuentan que, de pronto, en uno de sus acostumbrados arranques que ya todos conocían, se paró junto a Frida y enseguida pidió la atención de todos. "Fíjense bien" —dijo—; y súbitamente le levantó la falta a Frida al mismo tiempo que gritaba: "¿Ven estos dos palos?... Pues es lo que tiene Diego ahora en lugar de mis piernas". Dicen que abandonó enseguida el salón dejando tras ella risas y exclamaciones. Frida, incómoda y apenada, salió también, pero fue a refugiarse tras los tendederos de ropa en la azotea de la casa. La misma referencia prosigue que al cabo de un rato, alguien avisó a Frida que Diego, completamente borracho, había sacado la pistola y disparaba entre alegre y agresivo. Cuando Frida intervino, Diego la llenó de injurias y el festejo de bodas terminó para Frida con su huida a la casa paterna.

Pasaron dos o tres días antes que Diego la buscara avergonzado. Ella lo esperaba muy tranquila. Sabía que su fuerza consistía en no decirle nada, en no hacer reproches. Finalmente, volvieron a su casa juntos y contentos, una grandiosa casa situada en el número 104 del Paseo de la Reforma. "De muebles teníamos una cama estrecha, un comedor que nos regaló Frances Toor, una larga mesa negra y una mesa amarilla de cocina que nos dio mi madre, la cual arrimamos a un rincón" —recordaría Frida más tarde—. En la casa vivía una sirvienta y, además, "mandaron a Siqueiros, a su esposa, Blanca Luz Bloom, y a dos comunistas más a vivir a mi casa. Ahí estábamos todos amontonados, debajo de la mesa, en los rincones y en las recámaras".

Pero no tardarían mucho en mudarse a la casa azul de Coyoacán. Pasado un tiempo se resolvió que, teniendo en cuentas las dificultades financieras que seguían padeciendo Matilde y Guillermo y el espacio de sobra de la casa, el matrimonio Rivera Kahlo se instalaría allí.

La esposa de Diego

En la época en que Diego Rivera y Frida Kahlo se casaron, él era el más solicitado de los muralistas mexicanos y tenía mucho trabajo. Terminaba los murales de la Secretaría de Educación e iniciaba otros en la Secretaría de Salud. A solicitud del gobierno, pronto decoraría también una parte del Palacio Nacional. Además, hacia finales de año, el embajador norteamericano, Dwight W. Morrow, le pidió que pintara los muros del Palacio de Hernán Cortés en Cuernavaca.

Con tanto trabajo para el gobierno y sus dirigentes, Rivera empezó a recibir críticas del Partido Comunista. El día de su expulsión, él mismo se acusó ante sus camaradas de haber traicionado la causa justa "colaborando con el gobierno pequeñoburgués de México". Terminó su "autocrítica" declarando a Diego Rivera expulsado del partido.

Sin embargo, Diego Rivera no dejó de ser comunista; los ideales marxistas siguieron siendo la esencia de los temas de los mismos murales por los que fuera castigado. La militancia política era casi tan importante para él como la comida, el sueño y la pintura, aun cuando varios de sus antiguos compañeros rompieron relaciones con él, como su antigua amiga y amante Tina Modotti. Para ella, la lealtad al Partido representaba un vínculo más estrecho que la amistad, a pesar de que sólo unos meses antes Diego la defendió en la Corte que la acusó erróneamente de complicidad en el asesinato de Julio Antonio Mella. La fotógrafa le escribió a su ex pareja Edward Weston: "Creo que su salida del Partido le hará más daño a él que al Partido. Lo considerarán como traidor. No hace falta añadir que yo comparto esta opinión y que desde ahora todos mis contactos con él se limitarán a nuestras negociaciones con respecto a la fotografía". Según Diego mismo lo expresó, años después: "No tenía casa ni hogar; el Partido siempre lo había sido".

Después de esto, empezó a trabajar arduamente. Fue nombrado director de la Academia de San Carlos, donde instrumentó un sistema de aprendizaje, según el cual la escuela se convirtió en taller en vez de academia. Tal sistema no duraría mucho tiempo.

Frida pintó muy poco durante los primeros meses de su matrimonio, pues el estar casada con Diego era un trabajo de tiempo completo. En septiembre Diego se enfermó por la presión de todos sus compromisos y ella lo cuidó devotamente. Llevaba un plan de trabajo casi sobrehumano. Una vez se durmió sobre un andamio después de una sesión de trabajo que duró 24 horas y se cayó al suelo. De todos modos, aunque a ella le sobraba tiempo, no estaba dispuesta a dejar solo a su esposo y ponerse a pintar. Así, pues, decidió reunirse con él en el andamio, donde se mostraba contenta con dejar el papel de genio a su marido y jugar a la joven esposa del gran hombre. Por extraño que parezca, Lupe Marín le enseñó a complacer los gustos de Diego. Un día se presentó en su casa, revisó la despensa y los anaqueles de la cocina y mandó a Frida a La Merced a comprar ollas, sartenes y otras cosas. Después le enseñó a preparar la comida que a Diego le gustaba y cómo llevarle la comida en una canasta decorada con flores y cubierta con servilletas que contenían frases bordadas como "Te adoro", etc. En agradecimiento, Frida pintó el retrato de Lupe.

En diciembre de 1929, Frida y Diego se marcharon a Cuernavaca. Diego Rivera había aceptado la encomienda del embajador estadounidense en México, Dwigh W. Morrow para pintar los muros del Palacio de Cortés. No dejaba de ser curioso que un capitalista norteamericano, que en 1928 había convencido al gobierno del presidente Plutarco Elías Calles de hacer un convenio informal que modificaba la legislación de los derechos petroleros mexicanos, de tal manera que beneficiaba a los inversionistas de Estados Unidos, estaba proponiendo a un comunista que pintara un mural con motivos antiimperialistas: el fresco representa la brutalidad de la conquista española y la gloria de la Revolución Mexicana, cuyo héroe, Emiliano Zapata, conduce un caballo blanco. Diego decidió aceptar, como aceptó también hospedarse en la hermosa casa que le cedió el embajador cuando él y su esposa debieron viajar a Londres en misión diplomática. Ahí, en "la ciudad de la eterna primavera", a setenta kilómetros de la capital mexicana, Frida y Diego celebraron su luna de miel.

La mayor parte del tiempo Frida no estaba en la casa; pasaba el día en el Palacio de Cortés contemplando pintar a Diego, quien apreciaba su crítica "porque tenía la capacidad de advertir rápidamente falsedad o pretensión tanto en el arte como en la gente". (Con el paso de los años él llegaría a depender más y más de sus juicios). Pero cuando llegaban visitantes, como el historiador de arte Luis Cardoza y Aragón que pasó unos días con ellos, Frida los llevaba de excursión a los pueblos cercanos — Taxco, Iguala, Tepoztlán o Cuautla—. En las noches, pasaban por Diego, quien "siempre estaba aprovechando los últimos rayos del sol o aun la luz más pálida de una lámpara", y después entraban a algún buen restaurante, donde cenaban y bebían vino. Sobre su estancia con los Rivera Kahlo, Cardoza escribiría: "Frida reunía gracia, energía y talento; es la personalidad que más entusiasmo ha despertado en mi imaginación. Diego y Frida formaban parte del paisaje espiritual de México, al igual que el Popocatépetl y el Iztaccíhuatl en el valle del Anáhuac".

Para algunos de sus contemporáneos que los conocieron y trataron, el matrimonio parecía una unión de leones, cuyos amores, peleas, separaciones y sufrimientos se encontraban más allá de la censura mezquina. Sin embargo, otros, que los conocían mejor, ofrecen evaluaciones muy contrarias y contrastantes de la vida que llevaban juntos. De las varias opiniones se puede concluir que, al final de cuentas, Frida adoraba a Diego aunque seguramente lo odiaba cuando le era infiel. Sin embargo, aunque a veces esto la desesperaba, hubo ocasiones en las que dijo que le "valía" y que en realidad, las aventuras de Diego la divertían. Casi todos están de acuerdo en cuanto a que Frida se convirtió en una figura maternal para Diego, y que la relación padre-hija de los primeros años siguió siendo importante hasta su muerte.

Cuando Frida se casó con Diego, su mayor deseo fue ser una buena esposa y esto constituyó la base de su existencia. "Esto no significa que se haya dejado eclipsar —dice uno de su biógrafos—. Rivera admiraba a las mujeres fuertes e independientes. Esperaba que Frida tuviera sus propias opiniones, amigos y actividades. Alentó su pintura y el desarrollo de su estilo individual. Cuando construyó una casa para los dos, ésta en realidad comprendía dos construcciones unidas únicamente por un puente. Le agradaba que ella tratara de ganarse la vida para no depender de él en cuanto a su manutención, y que hubiera conservado su apellido de soltera. Aunque no le tenía atenciones como abrirle la puerta del auto, sí le abría nuevos mundos: era el gran maestro y ella eligió ser su compañera admiradora. Este papel introdujo una paleta de muchos colores a su vida, colores de deslumbrante viveza o de dolor sombrío, pero siempre de penetrante intensidad".

Frida misma habló de esa época y de su relación con Diego:

Era una unión que intrigaba. Que suscitaba olas de reprobación, de entusiasmo provocativo, de chismes, de curiosidad. Una unión que intrigó siempre. En la cabeza de unos y otros, más tarde o más temprano, la pregunta: ¿Cómo se aman esos dos? Con matices: ¿cómo pueden amarse? ¿Cuál puede ser la naturaleza de su relación? ¿Quién ama a quién? ¿Se amarán, por lo menos? Y además: ¿Es ella su madre, es él su padre, son cada uno el hijo del otro, es él hermano, es ella amante, él es el amante sin el cual ella no puede vivir, no cabe duda de que no son amantes, son compañeros, son amigos, sus relaciones deben ser perversas, su relación no tiene nada que ver con el erotismo, se necesitan el uno al otro, cada uno se basta a sí mismo, es desigual, debe ser asfixiante, esos veinte años de diferencia son un puente entre ellos, o un abismo? Es indudable que están unidos hasta la médula; ¿dramático? ¡Fabuloso!
Pero sí, todo eso.

Alimentábamos al medio artístico, y quizás algo más.

Pero claro, todo eso. ¿Amor? No lo sé. Si el amor engloba todo, incluyendo las contradicciones y las desviaciones, las aberraciones y lo indecible, entonces sí, que sea amor. Si no, no.

Nuestro matrimonio fue un pequeño escándalo. Todo el mundo intervino y nos dio consejos a cada uno. Por ejemplo, un día, en otoño, recibí una carta de Lupe: le advertía que ni ella (Frida) ni su padre ni su madre tenían derecho a nada de Diego, puesto que sus hijos (entre los que mencionaba a Marika, a la que nunca había enviado un centavo) eran los únicos seres humanos a quienes tenía el deber de mantener. Otra alusión de mal gusto, quizás, al hecho de que habíamos decidido mudarnos a la casa azul... Yo ya me había hecho al hábito de no entrar en discusiones de ese tipo. En respuesta, un par de años más tarde pinté su retrato.

El compañero y amigo de Tina Modotti, Julio Antonio Mella, fue asesinado cuando ambos caminaban juntos por la calle, y ella sufrió una campaña de calumnias, acusándola de ser responsable del crimen. Pobrecilla. Se mostró valiente, siempre hermosa y serena. Vivimos una vida difícil: la vida, el amor, la amistad, la política, todo mezclado, siempre. Tina, que había resuelto no volver a dirigirle la palabra a Diego cuando éste salió del Partido (la "familia" de Diego, la "patria" de Tina) en el cual yo había permanecido, la tomó contra mí: "Frida, no estás vestida como revolucionaria". Su mirada era hermosa y su expresión desarmada. Mi único argumento "político" hubiera sido decirle que reivindicaba a la mexicana que había en mí. La única respuesta que tenía en el alma y que callaba era que a mi hombre le gustaba que me vistiera así, y que estaba bien.

Por momentos me sentía algo vacilante. Recordaba la época en que Diego estaba pintando los murales de la Escuela Nacional Preparatoria y yo iba a verlo vistiendo mi uniforme de colegiala alemana, con mi sombrero de paja cuyas largas cintas me caían por la espalda: "Sígame, joven". El candor de mi adolescencia, en medio de ese tumulto artístico y político, en medio de todos esos conflictos verdaderos o falsos, yo rogaba por no perderlo. Sabía que era como una bocanada de aire fresco. Creo que no lo he perdido.

Todas aquellas frases inútiles, salvo quizás para lo que hay de comadre en todos nosotros: Diego va a influir en ella; Diego la va a aplastar, la pintora es ella, ella va a perder su originalidad, ella tiene personalidad suficiente para ser intocable, y así hasta el infinito. Quizás Diego influyó un poco en mí al principio de nuestro matrimonio, trato de descubrirlo, no estoy segura. En aquella época de todos modos, pinté muy poco. Estaba acostumbrándome a mi nueva vida, un poco dejándome estar, con la esperanza de tener un hijo. En los cuadros llamados "El camión" y "La niña", sí, creo que hay influencia de Diego. Represento a mis personajes con una preocupación didáctica muy grande. Pero en mi segundo autorretrato, en el que estoy ante un balcón con una pila de libros coronada por un despertador, y detrás se ve un avioncito volando en el cielo, a lo lejos, me parece que retomo el hilo de mis realizaciones anteriores y empiezo a abrir mi propio camino, aunque ese cuadro todavía es un poco débil.

Es curioso, ¿verdad? Pintaba menos en aquella época en que sufría poco. ¡Ay! Voy a alimentar las tesis sobre el sufrimiento como elemento determinante del arte... Todavía hay mucho que decir sobre eso. Ya volveremos sobre el tema.

Así pues, volviendo a la unión, monstruosa quizás, sagrada ciertamente, insisto en decir que fue una unión de amor. A nuestro modo, impetuosa como un río no navegable, como las cataratas del Niágara o las del Iguazú, vasta como un estuario, profunda y misteriosa como los fondos marinos, atormentada como una tempestad en el Mediterráneo de Ulises, serena como el lago de Pátzcuaro y fértil como las chinampas aztecas, ruda y dorada como los desiertos, temible como un animal de presa, colorida como todo el universo viviente.

En efecto, durante los meses que pasó en Cuernavaca, Frida pintó muy poco. Un día le anunció a Diego que estaba feliz porque había quedado embarazada. Pero la suerte decidió otra cosa. Tres meses después el doctor Marín, hermano de Lupe, tuvo que provocarle un aborto. Había diagnosticado una malformación pélvica que impediría que el embarazo llegara a su término. Frida lloró con desesperación. Las pesadillas de la época del accidente regresaron a sus noches. Diego estaba junto a ella y la consolaba; sin embargo ella se sentía muy sola. Una pregunta la obsesionaba: "¿Algún día podría tener un hijo... o esa esperanza quedó sepultada bajo los rieles de aquel tranvía?" El hijo nunca llegaría a la vida de Frida.

Los Rivera en Estados Unidos

En San Francisco

En 1930, Diego Rivera recibe la propuesta de

El tiempo vuela. "Empiezo a abrir mi propio camino..." comentó Frida, recién casada, durante su estancia en Cuernavaca en 1929.

realizar una serie de murales en el *San Francisco Art Institute* y en el *Luncheon Club* de la Bolsa de Valores de San Francisco, California. La fama de Diego como muralista había trascendido la frontera norte y después de sus experiencias en Europa y en la Unión Soviética, movido también por una curiosidad insaciable por todo lo nuevo, y fascinado con la belleza de los logros tecnológicos norteamericanos, Diego aceptó y se marchó con Frida el 10 de noviembre.

En San Francisco se instalaron en el número 716 de Montgomery Street, en casa del escultor Ralph Stackpole. Diego no empezó a trabajar de inmediato y hasta el año nuevo aprovecharon su libertad para conocer la ciudad y sus alrededores. Cuando Rivera subió a los andamios, Frida continuó explorando la ciudad ella sola y aprendiendo inglés con amigos que se prestaban a enseñarle. De la mañana a la noche estaba fuera y, a su paso, la gente se detenía a contemplarla, pues lucía sus enaguas de encaje, sus faldas de volantes, sus blusas bordadas, sus diferentes rebozos, sus joyas de oro y de plata con jade, lapislázuli, coral y turquesa.

Por las noches, siempre tenían invitación para asistir a alguna velada o espectáculo. Obviamente, Frida se convertía enseguida en el centro de atención, por su alegría y las historias que relataba en mal inglés, por su humor, su delicadeza, las canciones mexicanas que entonaba de sobremesa. Edward Weston, el antiguo compañero de Tina Modotti, a quien Frida conocería en este viaje, opinaba que parecía muñeca. "En las proporciones solamente, porque por otro lado es fuerte y muy bella" —escribió.

Cuando Diego empezó a pintar, reunió a su alrededor un séquito de asistentes, algunos asalariados y otros voluntarios, que llegaron de todas partes del mundo para aprender con el "gran maestro". A veces Diego desaparecía varios días seguidos con alguna de sus modelos norteamericanas. En tanto, Frida aprovechaba para pasarse horas vagando por el barrio chino, su zona preferida. Pero un buen día, su pierna derecha empezó a provocarle nuevamente sufrimientos. Hizo una cita con un famoso cirujano torácico especializado, además, en cirugía osteológica y que era jefe de servicios del Hospital General de San Francisco, el doctor Leo Eloesser, un hombre original, amante del arte, politizado, gran viajero que al examinarle la espalda le informó a Frida que tenía una escoliosis muy importante y una vértebra desplazada. El doctor Eloesser, a quien había conocido en México en 1926, fue el primer médico en quien Frida confió. En prueba de su reconocimiento y amistad le pintó un retrato.

Sin embargo, en mayo de 1931, Frida escribía a Isabel Campos, una de sus amigas de la infancia: "No me caen bien los gringos. Son aburridos y tienen caras como bolillos sin hornear (particularmente las ancianas)... Ni siquiera me atrevo a hablarte de mi inglés, parezco retrasada. *Ladro* lo esencial, pero resulta sumamente difícil hablarlo bien. A pesar de todo, logro hacerme entender, hasta por los malvados tenderos. No tengo amigas. Paso la mayor parte del tiempo pintando. En septiembre espero tener una exposición (mi primera) en Nueva York. No he tenido suficiente tiempo aquí; sólo podría vender unos cuantos cuadros... Lo más impresionante es el barrio chino. Los chinos son muy simpáticos y jamás en la vida he visto niños tan encantadores como los suyos. Sí, de veras, son extraordinarios. Me encantaría robarme uno, para que tú misma lo vieras... Tuvo sentido venir acá, porque me abrió los ojos y he conocido un sinnúmero de cosas nuevas y bellas".

Como le dolía la pierna y tenía que estar inmovilizada, Frida empezó a pintar con regularidad. En el medio año que pasó en San Francisco hizo varios retratos además del realizado al doctor Eloesser y se liberó de la influencia que hubiera podido tener sobre ella la pintura de Diego en México. Sus nuevos retratos están más trabajados, son más imaginativos, más poéticos. Inició un cuadro en que se representaba a sí misma con Diego. Ambos están de pie, tomados de la mano. Diego tiene en la otra mano una paleta: el pintor es él. Frida inclina tiernamente la cabeza en dirección a ese hombre corpulento al que apenas le llega al hombro.

Frida aprendió en San Francisco que una de las maneras de estar bien con Rivera y de mantenerlo junto a ella era siendo divertida. Cuentan que en una cena en la que se reunió "la crema y nata" del mundo artístico, Frida se dio cuenta que una joven sentada junto a Diego se empeñaba en conquistarlo, mientras él rebosaba de contento. Frida se sirvió una copa de vino, la bebió poco a poco e inició el contraataque. Discretamente al principio, se puso a cantar y a representar canciones mexicanas algo picarescas. Al tomar efecto el vino, se volvió más atrevida, hasta que consiguió captar, completamente, la atención de todos los presentes. Enseguida sintió la mirada divertida y cariñosa de Diego.

En el mes de junio (1931), el gobierno mexicano reclama la presencia de Diego para que termine el mural que aún se hallaba incompleto en la escalera del Palacio de Gobierno. El día 8, cinco días después de terminar el fresco del *San Francisco Art Institute* tomaron el vuelo a la Ciudad de México y llegaron a hospedarse a la casa azul de Coyoacán, mientras Diego iniciaba la construcción de su nuevo hogar en el barrio de San Ángel —entre las calles de Altavista y Palmas— con el dinero que recibió de sus patrocinadores norteamericanos. El edificio se componía de dos cuerpos unidos por un puente.

Una semana después de su regreso (14 de junio de 1931), Frida le escribió al doctor Eloesser a San Francisco:

No se puede imaginar la pena que nos dio no verlo antes de venirnos para acá, pero fue imposible, yo telefonee tres veces a su oficina, sin encontrarlo, pues nadie contestó, entonces le dejé dicho a Clifford que me hiciera el favor de explicarle a usted. Además, imagínese que Diego estuvo pintando hasta las doce de la noche anterior al día que salimos de San Francisco y ya no tuvimos tiempo de nada, así es que esta carta es en primer lugar para pedirle mil perdones y decirle también que llegamos con bien a este país de las enchiladas y los frijoles refritos. Diego ya está trabajando en el Palacio, lo he tenido un poco malo de la boca; además, está cansadísimo. Yo quisiera que si usted le escribe, le diga que es necesario para su salud que descanse un poco, pues si sigue trabajando así, se va a morir. Usted no le diga que yo le conté que está trabajando tanto, pero dígale que lo supo usted y que es absolutamente necesario que descanse un poco. Se lo agradecería muchísimo.

Retrato de Bodas. Probablemente fue realizado tomando como modelo una fotografía de bodas.

Diego no está contento aquí, porque extraña la amabilidad de la gente de San Francisco y a la ciudad misma. Ya no quiere otra cosa más que regresar a Estados Unidos a pintar. Yo llegué muy bien, flaca como siempre y aburrida de todo, pero me siento mucho mejor. Yo no sé con qué pagarle a usted mi curación y todas las finezas que tuvo usted conmigo y con Diego. Sé que con dinero sería la peor manera, pero el agradecimiento más grande que pudiera tener, nunca compensaría su amabilidad, así que le suplico y le ruego sea tan bueno de mandarme decir cuánto le debo, pues no se puede imaginar con qué pena me vine sin haberle dado nada que equivaliera a su bondad. En la carta que me conteste, cuénteme cómo está, qué hace, todo, y por favor salúdeme a todos los amigos, con especialidad particular a Ralph y a Ginette.

México está como siempre, desorganizado y dado al diablo, sólo le queda la inmensa belleza de la tierra y de los indios. Cada día, lo feo de Estados Unidos le roba un pedazo, es una tristeza, pero la gente tiene que comer y no hay más remedio que el pez grande se coma al chiquito. Diego lo saluda muchísimo y reciba el cariño que sabe le tiene.

En ese tiempo estaba en México el director de cine ruso Serguei Eisenstein rodando la película *¡Qué viva México!* Diego y Frida lo invitaron a sus reuniones y ella le mostró sus cuadros que le causaron gran admiración. Diego, mientras tanto, no dejaba de repetir que tenía nostalgia de su vida en los Estados Unidos. Frida, en cambio, retomaba, amorosamente, su universo mexicano.

Sin embargo, los Rivera Kahlo no se quedaron en México por mucho tiempo: en julio, Frances Fly Paine, comerciante neoyorquina en arte, consejera artística de los Rockefeller y miembro de la junta directiva de la Asociación de Artes Mexicanas, viajó a México para ofrecerle a Diego una exposición retrospectiva de su obra en el recién inaugurado Museo de Arte Moderno de Nueva York. Así pues, volvieron a hacer sus maletas y se embarcaron hacia la costa del Este de los Estados Unidos a fines de noviembre. El viaje fue animado por las historias extraordinarias y las rarezas de Diego, sus juegos con la pistola, sus discursos sobre el Estado y el futuro del mundo.

Llegaron a Manhattan donde se había congregado una pequeña multitud para darles la bienvenida. Había algunos amigos entre los que se encontraba el director del Museo de Arte en persona A. Conger Goodyear. Después los llevaron al hotel Barbizon-Plaza.

En Nueva York

Dicen que los Rivera no acababan aún de instalarse en un departamento del hotel, ubicado en la Sexta Avenida y la orilla sur del Parque Central, y ya los estaban esperando en el Edificio Heckscher, situado en la esquina de la calle 57 y la Quinta Avenida que en ese entonces albergaba el Museo de Arte Moderno. Y a pesar de que Diego tendría que trabajar de día y de noche para montar su exposición que se compondría de 143 cuadros, acuarela y dibujos, además de siete lienzos de frescos portátiles, la pareja empezó a ser requerida para festejos, cenas, veladas y homenajes. Frida se dejaba arrastrar con cierto placer aunque a veces le llegaba la conciencia y mostraba disgusto por todas aquellas fiestas que "parecían ignorar la miseria del mundo". Los amigos de John Rockefeller Jr. y de su esposa, Abby —que se convertiría en amiga y patrocinadora de Rivera— la contemplaban con cierta tolerancia. Pero Frida pronto se acostumbró a los lujos y las comodidades de ese mundo y se volvió más segura de sí misma y también más atrevida y aguda. Mas como era una artista y la mujer de un artista, eso le daba derecho a tomarse ciertas libertades que sin duda no se habrían permitido a gente de otra categoría.

Frida le escribió a su amigo el doctor Eloesser el 23 de noviembre:

> Estamos en Nueva York desde hace ocho días. Diego, naturalmente, ya empezó a trabajar y le ha interesado muchísimo la ciudad lo mismo a mí, pero como siempre no hago sino ver y algunas horas aburrirme. Estos días han estado llenos de invitaciones a casas de gente "bien" y estoy bastante cansada, pero esto pasará pronto y ya podré ir poco a poco haciendo lo que a mí me dé la gana.

Al poco tiempo de llegar a Manhattan la patrocinadora de Diego, la señora de Charles Liebman ofreció un banquete a su hermana la señora de Charles Stern. A este evento asistieron Lucienne y Suzanne Bloch, hijas del compositor Ernest Bloch y ahí conocieron a los Rivera. Lucienne relata que estaba sentada junto a Diego. "Me hice cargo de él —dijo—, y hablamos y hablamos. Me impresionó mucho la opinión de Diego acerca de que las máquinas eran maravillosas. A todos los artistas que yo conocía les parecían horribles". Lucienne le contaba a Diego que le habían pedido dirigir el Departamento de Escultura de la escuela fundada por Frank Lloyd Wright en Taliesin. "Wright es un lacayo de los capitalistas" —comentó Diego—, "porque cree en disgregar a la gente". Lucienne se encontraba tan absorta en la conversación que no veía a las demás personas, "excepto a Frida Rivera, de cuando en cuando, que me lanzaba miradas de enojo. Después de la cena, Frida, con su única ceja que le atravesaba la frente y sus hermosas joyas, se acercó a mí, me observó con una mirada verdaderamente penetrante y dijo: '¡La odio!' Quedé muy impresionada. Éste fue mi primer contacto con Frida y por ello la quise. En esa cena, pensaba que yo estaba coqueteando con Diego". Al día siguiente, Lucienne entró al estudio de Diego y empezó a trabajar como su asistente. En cuanto Frida se dio cuenta de que Lucienne no trataba de seducir a su esposo, sino que únicamente le encantaba la amplitud y la extravagancia de su personalidad, las dos se volvieron amigas íntimas. (Unos años después, Lucienne se casó con un asistente de Rivera, Stephen Dimitroff, y tuvo un hijo. Frida fue su madrina).

Fechada el 26 de noviembre, Frida dirigió otra carta al doctor Eloesser, la cual resume las impresiones que recibió en la ciudad de Nueva York:

> La *hight society* de aquí me cae muy gorda y siento un poco de rabia contra todos estos ricachones de aquí, pues he visto a miles de gente en la más terrible miseria, sin comer y sin tener dónde dormir, ha sido lo que más me ha impresionado de aquí, es espantoso ver a los ricos haciendo de día y de noche *parties*, mientras se mueren de hambre miles y miles de gente...
>
> A pesar de que me interesa mucho todo el desarrollo industrial y mecánico de Estados Unidos, encuentro que les falta completamente la sensibilidad y el buen gusto.
>
> Viven como en un enorme gallinero sucio y molesto. Las casas parecen hornos de pan y todo el confort del que hablan es un mito. No sé si estaré equivocada, pero sólo le digo lo que siento.

El 22 de diciembre se llevó a cabo la inauguración de la exposición de Diego Rivera en el Museo de Arte Moderno de Nueva York. Frida, ataviada con sus coloridas galas de tehuana, estuvo todo el tiempo muy cerca de su esposo por timidez y aversión a la sociedad de los *gringos*, a pesar de la presencia de sus amigas Lucienne Bloch y Anita Brenner. Dicen que fue el suceso social de ese año, al que asistieron los personajes más importantes de la elite de Manhattan como John D. y Abby Rockefeller, y miembros del sofisticado mundo del arte, como Frank Crowninshield, y dede luego los funcionarios del Museo.

La exposición de Diego Rivera fue aclamada por la crítica y atrajo mayor asistencia al Museo que cualquier otro artista de la época. Cuando cerró, el 27 de enero de 1932, cincuenta y seis mil quinientas setenta y cinco personas habían pagado por verla. Este gran éxito de Diego volvió la vida de Frida más divertida. Conoció a mucha gente interesante y con sus nuevos amigos exploró Manhattan, disfrutó de infinidad de comidas y fue al cine, de preferencia, películas de terror y comedias de los hermanos Marx, el Gordo y el Flaco y los Tres Chiflados.

Cuando se acercaba el final de la estancia de los Rivera en Manhattan, se notaba en Frida un cambio grande. Ya no era la joven tímida y solitaria que se sentaba en algún rincón. A pesar de que aún se quejaba de "Gringolandia", llevaba una vida muy agitada. El 31 de marzo, Diego y Frida viajaban rumbo a Filadelfia en un vagón de un tren lleno de neoyorquinos ávidos de cultura, para presenciar el estreno del Ballet Mexicano *H.P.* dirigido por Leopold Stokowski. La reacción de Frida no se hizo esperar. Fue franca e insolente. Esto es lo que le escribió al doctor Eloesser, un mes después:

> Lo que me preguntaba del ballet de Carlos Chávez y de Diego, resultó una porquería con *P* de... no por la música ni las decoraciones sino por la coreografía, pues hubo un montón de güeras desabridas haciendo de indias de Tehuantepec y cuando necesitaban bailar la Sandunga, parecían tener plomo en lugar de sangre. En fin, una pura y redonda cochinada.

En Detroit

En Nueva York los Rockefeller le habían propuesto a Diego que pintara un mural en uno de sus edificios, específicamente donde se encontraba el *Detroit Institute of Arts*, administrado por la *Detroit Arts Company*, bajo la responsabilidad de Edsel Ford, presidente de la *Ford Motor Company*. El tema era la industria misma.

En abril de 1932, Diego y Frida llegaron a instalarse en Detroit. Diego se puso de inmediato a visitar las fábricas llenando una buena cantidad de hojas con croquis de edificios y los materiales que encerraban. Frida, entre tanto, se pasaba el día en la habitación del hotel Wardell, donde se habían instalado, pues de nuevo estaba embarazada. Además, Detroit no le gustaba nada. "Esta ciudad me da la impresión de una aldea antigua y pobre, parece como un poblado, no me gusta nada. Pero estoy contenta porque Diego está trabajando muy a gusto aquí y ha encontrado mucho material para sus frescos que hará en el museo... La parte industrial de Detroit es realmente lo más interesante, lo demás es como en todo Estados Unidos, feo y estúpido" —decía.

En esa ciudad, las extravagancias de los Rivera adquirían otra dimensión, también porque ellos mismos, al sentirse menos cómodos allí, se mostraban más agresivos. Parece ser que la sociedad de ese lugar, en vez de reír de sus ocurrencias y extravagancias, los miraba como animales raros. De todas maneras no se libraban de las invitaciones mundanas.

Cuentan que durante una velada en casa de Henry Ford, éste invitó a Frida a bailar, y que entre broma y broma ella lo estuvo hostigando todo el tiempo con el tema de los judíos. Frida provocaba a Ford deliberadamente pues él tenía fama de antisemita, aunque no se daba por enterado ya que estaba habituado a ese tipo de extravagancias. Pero se sobresaltó cuando Frida, tras sortear a las parejas que bailaban lo llevó a un extremo del salón y le preguntó a quemarropa: "¿Y usted no es judío, señor Ford?", y sin esperar respuesta se sentó en un sofá a frotarse la pierna derecha por debajo de la falda, pues le lastimaba el aparato ortopédico. Además, debido al embarazo, sentía náuseas, y los giros que había dado en el baile la habían mareado, así que la necesidad por respirar aire fresco la llevó al jardín donde no pudo evitar vomitar. Al terminar la velada, encontraron un *Lincoln* con chofer esperando a los Rivera. Henry Ford se adelantó y dijo que era un regalo para Frida. "Pero, si yo no sé manejar" —se quejó ella, atónita—. Entonces, Ford puso un chofer a su disposición.

Frida empezó a tener hemorragias. El doctor Pratt la examinó y la tranquilizó: el bebé no estaba en peligro. El doctor le recomendó que no se agitara; que guardara reposo el mayor tiempo posible. Ella obedeció y sobre todo trató de poner en orden sus ideas, pero se sentía inquieta y dispersa en la vida cotidiana. Diego se irritaba por eso y se quejaba con Lucienne Bloch —quien estaba viviendo con ellos—, de que Frida se sentía mal porque no hacía nada, no trabajaba... Entonces ella empezó a pintar un autorretrato en donde se representa en la frontera entre México y los Estados Unidos: "Carmen Rivera pintó su retrato el año 1932, oprima el pedestal donde está de pie". —dice en la leyenda.

Diego trabajaba todo el día y ella pudo dedicarle todo el tiempo a su cuadro, aun cuando las hemorragias y las náuseas no cesaban. Los médicos aseguraban que la vida de la madre no estaba en peligro, pero ella se sentía inquieta, confundida, temerosa de que el niño no se lograra, de que Diego lo rechazara, de que esto pusiera en peligro su relación en los términos en que estaba establecida.

Llegó el mes de julio, pronto cumpliría dos meses de embarazo. Sin embargo una noche lo perdió todo. Ella misma contaba que le habían dicho que su llanto, sus gemidos, sus gritos, se oían desde muy lejos. Frida se había retorcido del dolor durante horas. "Por la mañana no quedaba más que un Diego con expresión triste, una Frida al borde de la inanición, cuyas trenzas medio deshechas estaban literalmente empapadas de lágrimas, y el aullido desesperado de una sirena de ambulancia, que fue a buscarla para llevarla al Henry Ford Hospital". El 4 de julio de 1932 desapareció el bebé.

Frida estuvo reclamando que le dejaran ver el feto, quería tocarlo, dibujarlo, pero los médicos se negaron. Después pidió que le prestaran libros de medicina a fin de poder estudiar las láminas anatómicas para traducir a la pintura su estado. Los médicos se negaron pero Diego le llevó el libro tan solicitado.

Durante las dos semanas que pasó hospitalizada se puso a hacer un esbozo tras otro. Dicen que rompió la mayor parte de lo que hizo, porque el papel se arrugaba a fuerza de empaparse con las lágrimas que derramaba. Hablaba poco y lloraba todo el tiempo. El 17 de julio, Lucienne y Diego fueron a recoger a Frida al hospital. El 25 de ese mes, Rivera empezó a pintar en el Instituto de las Artes de Detroit y el 29, veinticinco días después del aborto y doce después de salir del hospital, Frida volvió a escribirle al doctor Eloesser. Ésta es la carta:

Había yo querido escribirle hace tanto tiempo como no tiene usted idea, pero me pasaron tantas cosas que hasta hoy pude sentarme tranquilamente, tomar la pluma y ponerle estos renglones.

En primer lugar, le quiero dar las gracias por su cartita y su telegrama tan amables. En esos días estaba yo entusiasmada en tener al niño, después de haber pensado en todas las dificultades que me causaría, pero seguramente fue más bien una cosa biológica, pues sentía yo la necesidad de dejarme a la criatura. Cuando llegó su carta, me animé más, pues usted creía posible que lo tuviera y ya no le entregué la carta que usted me mandó para el doctor Pratt, estando casi segura que podría yo resistir el embarazo, irme a México con tiempo y tener al niño allá. Pasaron dos meses casi y no sentía ninguna molestia, estuve en reposo continuo cuidándome lo más que pude. Pero como dos semanas antes del cuatro de julio empecé a notar que me bajaba una especie de sanguaza casi a diario, me alarmé y vi al doctor Pratt, y él me dijo que todo era natural y que él creía que podía yo tener al niño muy bien con la

Autorretrato en la frontera. Frida empezó a pintar un autorretrato en Estados Unidos, representándose en la frontera entre México y los Estados Unidos.

operación cesárea. Seguí así hasta el 4 de julio que sin saber ni por qué aborté en un abrir y cerrar de ojos. El feto no se formó, pues salió todo desintegrado a pesar de tener ya tres meses y medio de embarazada. El doctor Pratt no me dijo cuál sería la causa ni nada y solamente me aseguró que en otra ocasión podía yo tener otra criatura. Hasta ahorita no sé por qué aborté y cuál es la razón de que el feto no se haya formado, así es que quién sabe cómo demonios ande yo por dentro, pues es muy raro, ¿no le parece? Tenía yo tanta ilusión de tener a un Dieguito chiquito que lloré mucho, pero ya que pasó no hay más remedio que aguantarme... En fin, hay miles de cosas que siempre andan en el misterio más completo. De todos modos tengo suerte de gato, pues no me muero tan fácilmente, ¡y eso siempre es algo...!

¡Dése una escapadita y venga a vernos! Tenemos mucho qué platicar y con buenos amigos se olvida uno de que está en este país tan mula! Escríbame y no se olvide de sus amigos que lo quieren mucho.

Dicen que la conmoción de haber perdido al bebé y la paulatina comprensión de que nunca tendría hijos, movieron a Frida a decir que quería morir. Sin embargo, el vínculo con la vida era demasiado fuerte y sus raíces demasiado resistentes como para dejarse caer. Según Rivera, Frida intentó tener un hijo tres veces más. A pesar de que sabía que su esposo ya no quería otro, estaba convencida de que un hijo fortalecería el vínculo con él. Rivera afirmaba que le "prohibió concebir de nuevo" por el peligro que representaba para su salud.

Para ayudarle a combatir su depresión, Lucienne y Diego tramaron un modo de mantenerla ocupada y sacarla del departamento. Diego consiguió el permiso de un gremio local de artes y oficios para que ella y Lucienne usaran un taller de litografía. Las dos mujeres empezaron a dibujar sobre las piedras de litógrafo después de obtener el consejo técnico de un asistente del lugar, y consultar el libro sobre la materia.

Después, cuando recobró totalmente las fuerzas, solía ir al Instituto para las Artes todos los días a la hora del almuerzo, llevando el de Diego en una gran canasta mexicana. Un bailarín desempleado que gustaba ir a ver cómo pintaba Diego, contaba: "Frida llegaba todos los días, más o menos a las once y media. Diego se asomaba y luego bajaba del andamio. Siempre había cajas de Coca-Cola en el piso. Él y Frida se sentaban sobre ellas y entonces decía: 'Siéntense muchachos, siéntense'. La comida mexicana invariablemente era deliciosa. Yo iba al Instituto por algo de comer".

Después del almuerzo, Frida dibujaba, tejía, leía o simplemente observaba el trabajo del maestro. Durante los descansos, le encantaba persuadir a los asistentes de su esposo a hablar sobre sus vidas. Todos recuerdan que tenía una gran capacidad de sentir por otros, en contraste con el interés más abstracto y menos personal que Rivera profesaba a sus semejantes. Cuando éste trataba de manera brusca a alguien, ella mediaba entre ellos. Dicen que de cuando en cuando abandonaba el patio para deambular lentamente por las galerías del Instituto en compañía del doctor Valentiner, y que éste se asombraba de su discernimiento crítico.

En la casa, colaboró con Lucienne en el establecimiento de un horario para estudiar biología, anatomía e historia, además de darle clases de español. Dice Lucienne que "se le dificultaba hacer las cosas con regularidad". No obstante, cuando Frida pintaba invertía largas horas en ese trabajo. Empezaba muy temprano por la mañana y trabajaba hasta que llegaba la hora de llevarle el almuerzo a Diego al Instituto.

Dicen sus biógrafos que fue en Detroit donde Frida adoptó una actitud de pintora seria y burlona a la vez. Fingió no darle importancia a su trabajo. No utilizaba un vestuario masculino para pintar como acostumbraban las artistas de esa época. En su lugar, se ponía vestidos mexicanos muy adornados y delantales con volantes fruncidos, lo cual parecía más adecuado para una fiesta que para la pintura con óleo. Sin embargo, cuando finalmente comenzaba a trabajar, lo hacía con concentración. "Mis cuadros están bien pintados" —afirmó una vez—, "no están hechos con rapidez, sino con paciencia... Creo que, por lo menos, les interesaron a algunas personas".

En Detroit pintó óleos sobre metal y litografías sobre papel. Entre los primeros se encuentra *Henry Ford Hospital* o *La cama volando*. Constituye el primer autorretrato en la serie de cuadros sanguinolentos y llenos de espanto que convertirían a Frida Kahlo en una de las pintoras más originales de su tiempo. La calidad y el poder expresivo de esta pintura rebasa mucho todo lo hecho anteriormente. Sobre esta obra, posterior al aborto, Diego Rivera dijo: "Frida empezó a trabajar en una serie de obras maestras que no tienen precedente en la historia del arte, cuadros que exaltan las cualidades femeninas de la verdad, la realidad, la crueldad y el sufrimiento. Ninguna mujer jamás plasmó en un lienzo la misma poesía agónica que Frida creó durante ese periodo en Detroit".

El tiempo pasaba y Frida extrañaba México. No acababa de acostumbrarse a los Estados Unidos. En julio escribía al doctor Eloesser: "Yo la mera verdad, ¡no me hallo!, como las criadas, pero tengo que hacer de tripas corazón y quedarme, pues no puedo dejar a Diego". Este anhelo de volver a México se cumplió pero debido a una desventura. El 3 de septiembre recibió un telegrama en el que se le informaba que su madre padecía desde hacía seis meses, cáncer en un pecho y que estaba muy enferma, quizá agonizante.

Ante la imposibilidad de comunicarse por teléfono con alguna de sus hermanas que le explicara cuál era la situación de Matilde, ni conseguir, en ese momento, un transporte aéreo al cual poderse subir, Diego consiguió que Frida y Lucienne viajaran en el tren que partía rumbo a México. Salieron de Detroit el 4 de septiembre y llegaron en autobús el ocho. Lucienne relataba que "a pesar del ruido del tren, oía sollozar a Frida en la oscuridad". Además, en San Luis Missouri, le recomenzaron las hemorragias. En el sur de los Estados Unidos, el Río Grande se había desbordado debido a las fuertes lluvias y el tren debía avanzar muy despacio a través del agua de la inundación. Al llegar a Nuevo México resolvieron continuar en autobús, el cual tuvo que hacer una escala de doce horas en Laredo, Texas, porque los puentes estaban inservibles. Finalmente tomaron un camión que pasó a Nuevo Laredo por el puente menos estropeado.

Finalmente estaban en territorio mexicano pero cuenta Lucienne que "Frida se puso cada vez más intranquila y sufrió horriblemente durante las últimas horas del viaje. Llegamos a la Ciudad de México a las diez de la noche del jueves 8 de septiembre —continuaba Lucienne su relato—. La fueron a recibir sus hermanas y primas con sus esposos, todos llorando e histéricos. Además, se nos olvidaron las maletas".

Las dos mujeres llegaron a la casa de Matilde, ubicada en la colonia de los Doctores de la Ciudad de México. Al día siguiente, Frida fue a Coyoacán a ver a su madre, cuyo estado de salud era muy grave. Fechada el 10 de septiembre, Frida le escribió a Diego:

Aunque me dices que te ves muy feo en el espejo con tu pelito corto, no lo creo, sé lo lindo que eres de todos modos y lo único que siento es no estar allá para besarte y cuidarte, y aunque sea a veces molesta con mis rezongos. Te adoro, mi Diego. Siento que dejé a mi niño sin nadie y que me necesitas... No puedo vivir sin mi chiquito lindo... La casa sin ti, no es nada. Todo sin ti me parece horrible. Estoy enamorada de ti más que nunca y cada vez más y más.

Te mando todo mi amor
Tu niña chiquititita.

Diego escribió en respuesta:

Niñita Chiquitita preciosa:

Te pongo aquí ésta no más para acompañar los papeles con muchos besos y cariños, mi linda Friduchita.

Estoy rete triste aquí sin ti, como tú ni puedo dormir y apenas saco la cabeza del trabajo, no sé ni qué hacer sin poderte ver. Estaba seguro de que no había querido yo a ninguna vieja como a la chiquita, pero he sabido en realidad todo lo que la quiero, hasta ahora que se me fue. Ya sabe que es más que mi vida, ahora sé yo, porque realmente sin usted la vida esa me importa no más alrededor de dos cacahuates cuando mucho...

Ya acabé seis lienzos más desde que te fuiste. Trabajo siempre con el títere de que veas tú las cosas cuando vuelvas; no te cuento nada porque quiero ver qué carita le pone la chicua al verlos. Mañana voy por fin a la fábrica de productos químicos. No querían dejarme entrar de tanto secretos que tienen y tantos peligros que hay (que estúpidos y chocantes). Se necesitó que Edsel insistiera para que dieran el permiso.

El 15 de septiembre, una semana después de la llegada de Frida y a los dos días de que le extrajeron 160 cálculos biliares, murió Matilde Calderón de Kahlo. Lucienne escribió en su diario: "Todas las hermanas fueron, envueltas en chales oscuros y con los ojos irritados. Frieda sollozó y sollozó. Fue terriblemente triste para ella. A su padre se lo dijeron hasta la mañana siguiente. A veces, casi enloquece por la idea, pierde la memoria y pregunta por qué no está ahí su esposa".

Frida le dedicó a su familia la mayor parte de las restantes cinco semanas de su estancia en México. Ella y Lucienne llevaban de paseo a Guillermo a un parque cercano y después se reunían para platicar con las hermanas de Frida, Adriana y Cristina que vivían en Coyoacán. Algunas veces visitaron a Matide en la colonia de los Doctores y, en una ocasión, fueron a San Ángel para comprobar los avances en la construcción de las dos casas diseñadas por el arquitecto Juan O'Gorman para Diego y para ella.

En octubre, el pintor y caricaturista Miguel Covarrubias y su esposa, la bailarina y pintora Rosa Rolando, les ofrecieron una cena de despedida en su casa. Al día siguiente, un grupo de por lo menos veinte personas fue a despedirlas a la estación del ferrocarril. Ahí estuvieron Lupe Marín con una de sus hermanas, el padre y las hermanas de Frida y mucha gente más. El 21 de octubre, al amanecer, llegaron a Detroit. Diego las esperaba vestido con un traje de Clifford Wight porque su propia ropa le quedaba grande debido a la dieta prescrita por los médicos. En su autobiografía Diego escribió respecto a ese día: "Frida regresó a Detroit. Había visto morir a su madre y se veía agotada por el dolor. Además, la horrorizó mi apariencia. En el primer momento, no me reconoció. Durante su ausencia, me puse a dieta y trabajé tanto que bajé bastante de peso... En cuanto la ví grite: 'Soy yo'. Finalmente, al reconocerme, me abrazó y comenzó a llorar".

La vida continuó para los Rivera en Detroit. Frida retomó la pintura y terminó *Mi nacimiento*. Constituye la primera obra de la serie sugerida por Diego, que hace constar las distintas fases de su vida y según Frida demuestra "cómo imaginaba mi nacimiento". Representa una de las imágenes más impresionantes que jamás se hayan producido con referencia a este tema. Aun cuando el cuadro representa el nacimiento de la propia Frida, también está relacionado con la reciente muerte de su hijo no nacido. Por lo tanto, muestra cómo Frida se da a luz a sí misma. "Quise producir una serie de cuadros que abarcaran cada año de mi vida" —dijo Frida—. "Mi cabeza está cubierta porque mi madre murió durante el periodo en el que pinté el cuadro. Mi cabeza —dijo— indicando que es su cabeza la que está cubierta". Años después apuntaría en su diario junto con unos pequeños dibujos de ella misma: "La que se dio a la luz a sí misma... la que escribió el poema más maravilloso de su vida".

Llegó el invierno, crudo y severo. Diego debía trabajar contrarreloj para terminar los murales de Detroit, pues había planes para otros proyectos. En octubre de 1932, fue seleccionado para pintar un mural en el Centro Rockefeller de Nueva York y, en enero de 1933, para un trabajo sobre el tema "la maquinaria y la industria", para la Feria Mundial de 1933 en Chicago. Diego estaba irascible, no sólo por las presiones de trabajo sino por la dieta que debía llevar debido a sus problemas de salud, y obviamente, Frida lo resentía. Ella se quejó en infinidad de ocasiones con Lucienne sobre "las dificultades de su vida con Diego, de lo extraño y diferente (que era) en comparación a como lo había conocido". Cuando se "defendía" —explicaba Frida— Diego le decía "no me quieres", lo cual la dejaba en una posición aún más impotente.

A pesar de todos esos problemas, Frida logró, poco a poco, apartar el dolor y reanudar sus actividades cotidianas. En febrero (1933) la entrevistó y fotografió el *Detroit News* en un salón del Hotel Wardell, donde vivieron en aquel periodo. Estaba trabajando en un autorretrato al óleo sobre metal. Se ve fresca y hermosa, más adulta y segura de sí misma que en los autorretratos de 1929 y 1930, y lista para entretener y dejarse entretener. El artículo, como parte de la columna de Florence Davies "Muchachas del Ayer: Visitas a las Casas de Gente Interesante", se intitula "La esposa del maestro muralista juega, regocijada, con el arte". Davies escribió:

Carmen Frieda Kahlo Rivera... es una pintora por derecho propio, aunque muy poca gente lo sepa. "No", explica, "no estudié con Diego. No estudié con nadie. Simplemente empecé a pintar". Entonces aparece cierto brillo en sus ojos. "Por supuesto, Diego lo hace bastante bien, considerando que es un niño", aclara, "pero soy yo la gran artista". El brillo de ambos ojos negros estalla y se convierte en una carcajada; y eso es todo lo que se puede sacar de ella. Cuando se adopta una actitud seria, ella se burla y vuelve a reírse. No obstante, la obra de la señora de Rivera de ningún modo constituye una broma...

Solo pinta en Detroit porque le sobra tiempo, todas las largas horas que su esposo pasa trabajando en el patio. Hasta la fecha, sólo ha terminado unos cuantos lienzos... "Pero éstos están muy bien hechos", exclamó. "Diego debería de cuidarse". "Claro", afirma, "seguramente está muy espantado en este momento". La risa contenida en sus ojos revela que sólo se está mofando... y uno empieza a sospechar que Frede (Frida) de veras cree que Diego sabe pintar.

De vuelta en Nueva York

Finalmente, el 13 de marzo de 1933, se inauguraron oficialmente los frescos en el Instituto para las Artes de Detroit. Sin embargo, aún no los terminaba y ya se estaba creando una campaña publicitaria en contra de su trabajo. "Los clérigos opinaban que los murales eran sacrílegos, los conservadores los clasificaban de comunistas y los mojigatos, de obscenos". Se temía que algunos ciudadanos, en actitudes cívicas, amenazaban con borrar la pintura de las paredes. Otros organizaban comités en su defensa. La polémica se hizo pública a través de los diarios y la radio, ocasionando que miles de personas acudieran a conocer los murales y se incrementara el apoyo popular. Edsel Ford defendió a Diego: "Admiro su valor" —declaró—. "Creo que de verdad está tratando de poner de manifiesto su concepto del espíritu de Detroit". El maestro se puso eufórico cuando un gran grupo de obreros industriales se encargó de la vigilancia de los murales.

Rivera debía partir a Nueva York a seguir trabajando en el Centro Rockefeller. Él y Frida llegaron a la gran *Central Station* de Nueva York la tercera semana de marzo. Dos días después estaban instalados en un departamento de dos recámaras ubicado en un piso alto del hotel Barbizon Plaza, y Diego ya trabajaba en el edificio de la RCA. Ver trabajar a Rivera era todo un espectáculo, por lo que siempre tenía público. Frida iba dos o tres veces por semana, generalmente al final de la tarde cuando ya se había marchado la gente. Solía pasar varias horas debajo del andamio, chupando dulces, platicando con los amigos que se encontraban ahí o enseñándoles corridos mexicanos a Lucienne Bloch y a Stephen Dimistroff en la intimidad de la caseta temporal que servía de centro de operaciones para el proyecto. Dicen que estaba feliz de haber regresado a Manhattan, cuyo mundo artístico y "alta sociedad" albergaba a muchos amigos suyos y donde se sentía más a gusto.

Aun cuando la mayor parte del tiempo la pasaba en casa, en los ocho meses y medio que estuvo en Nueva York sólo produjo un cuadro. Frida se dedicó a leer, a ordenar el departamento, recibía a sus amigos o salía con ellos, iba al cine y de compras. Otro pasatiempo era un juego llamado *cadavre exquís*, antiguo esparcimiento de salón adoptado por los surrealistas como una manera de explorar el misterio de la casualidad. Consiste en que el primer jugador dibuja la parte superior de un cuerpo y luego dobla el papel de modo que la siguiente persona añade otra sección sin conocer el principio de la figura. Dicen que cuando Frida participaba, resultaban unos monstruos sensacionales. Tenía una imaginación pródiga y la fascinación que ejercían sobre ella los órganos sexuales, manifiesta en los dibujos de sus diarios y en varios cuadros, surgía en los "cadáveres exquisitos". "Frida siempre hacía los peores" —escribió en su diario Lucienne Bloch—. "Algunos me sonrojaban, y eso que no me sonrojo con facilidad. Dibujaba, por ejemplo, un enorme pene que chorreaba semen. Luego averiguábamos, al desdoblar el papel, que representaba a una mujer con grandes pechos y todo eso, hasta llegar al pene. Diego se reía y decía: 'Ya ven cómo las mujeres son mucho más afectas a la pornografía que los hombres'."

En esta época Frida tenía veintiséis años y se había vuelto más segura de sí misma, más pícara, más burlona y hasta más desvergonzada. Cuentan que durante una entrevista recibió a los reporteros acostada en la cama, chupando un largo caramelo. "Lo metió debajo de los cobertores y lentamente lo levantó" —cuenta Susanne Bloch, quien fue testigo de la escena. Con expresión seria y sin interrumpir el flujo de las palabras, Frida se deleitó con el desconcierto del periodista. En otra ocasión, un reportero le preguntó: "¿Qué hace el señor Rivera en sus ratos de ocio?". Sin vacilar, Frida respondió: "El amor".

Por su parte Diego vivía una prueba. Su mural del Rockefeller Center recibía duras y constantes críticas. El color dominante era el rojo, y en el centro de la pintura aparecía la cara de Lenin. El joven Nelson Rockefeller, que fue quien firmó el contrato con Rivera, en calidad de vicepresidente ejecutivo del Centro que llevaba su apellido, le pidió que hiciera al mural algunas modificaciones. Diego prometió cambiar después la cabeza de Lenin por la de Abraham Lincoln. Sin embargo, eso no dejó satisfecho a Rockefeller, que optó por terminar el episodio por la fuerza: envió obreros a cubrir el trabajo que había hecho Diego y le pidió a éste que abandonara el lugar. Él lo hizo, desencadenando una serie de peticiones en su favor y manifestaciones de protesta. No sirvió de nada. Rockefeller, gran señor al fin, pagó el precio estipulado (los $14,000 dólares restantes de un contrato por $21,000), pero no modificó su decisión.

Dicen que poco después Nelson Rockefeller quiso abordar a Frida durante el estreno de la película ¡*Que viva México!* de Eisenstein, pero ella le volvió la espalda después de barrerlo con una dura mirada. Algunos meses más tarde el mural de Diego fue borrado y se le anuló el contrato para el mural "Forja y Fundición" de la Feria mundial de Chicago que le habían prometido. Sin embargo, todavía trabajó para la *New Workers' School*, y ejecutó varios murales para la sede trotskista de Nueva York.

Cuando Rivera empezó a pintar de nuevo, recuperó su anterior personalidad de disipación. Louise Nevelson rentó un departamento, junto con Marjorie Eaton, en la planta baja del edificio de la calle Trece. Recuerda que la casa de los Rivera "siempre estaba abierta por las noches y cualquiera que quería ir, podía hacerlo. Tomaban muy en serio a la gente; no hacían distinciones. Nunca había conocido una casa como la de Diego. Princesas y reinas... una dama más rica que Dios; obreros y trabajadores. No distinguía entre ellos. Los trataba simplemente como a un grupo de personas. Era muy sencillo. A Diego y a Frida les gustaba mucho estar allí porque en el lugar donde vivían antes, en el centro, había un portero, y desde luego no les gustaba eso. Les encantaba tener ahora una casa donde podían entrar sin que nadie los molestara. Iba gente todas las noches, y Diego siempre la llevaba a un pequeño restaurante italiano en la calle Catorce".

Nevelson y Eaton eran unas artistas jóvenes con ambiciones y gozaban de la compañía del gran Rivera, pese a que debían soportar cierta falta de formalidad a cambio de ese privilegio. Parece que tenían que esperar horas enteras a que los Rivera se acicalaran a su estilo, para salir a cenar con ellos. Louise Nevelson, tenía poco más de treinta años, estaba divorciada y era muy bella y atrevida. Dicen que se dedicaba apasionadamente al arte y a los hombres. Con ella Diego vivió otra de sus múltiples aventuras. "Me da tanta pena Frida" —anotó Lucienne Bloch en su diario cuando se enteró.

Y es que Frida ya no visitaba el andamio todos los días. No estaba bien de salud, su pie derecho parecía estar paralizado y tenía que mantenerlo en alto el mayor tiempo posible, y se sentía sola. Lupe Marín se quedó con ella durante una semana, en el curso de su viaje de regreso a México desde Europa. Dijo que "Frida no salía. Pasaba todo el día en la tina del baño. Hacía demasiado calor para andar en la calle".

Con mucha frecuencia Diego llegaba al amanecer y Frida se quejaba de estar todo el tiempo sola. "Estoy deprimida"

—le decía a Susanne Bloch—. "Ven a acompañarme". Sus amigas Bloch comentaron que Diego estaba muy preocupado por Frida, pero que a la vez "quería independizarse de ella", y que lo único que se le ocurrió hacer fue alentarla a pintar frescos. Frida lo intentó y aunque a ella no le gustaron los resultados, a Lucienne y a su marido Stephen les gustó el trabajo que recogieron del basurero y se lo llevaron a su casa.

Las tensiones entre Frida y Diego se exacerbaron porque él no quería regresar a México, y Frida, después de cuatro años de vivir en Estados Unidos, anhelaba volver a su país y a su familia.

A principios de diciembre, los frescos en la Nueva Escuela para Trabajadores quedaron terminados por fin. El día 5 del mismo, hubo una recepción de despedida. Los murales fueron expuestos al público el 8, 9 y 10 de diciembre. Rivera dio conferencias cada día a las ocho de la noche. Sin embargo, todavía no había gastado hasta el último centavo del pago de Rockefeller, en pintar frescos revolucionarios en Estados Unidos, tal como lo había prometido. Después de pintar dos pequeños lienzos para la sede de los trotskistas de Nueva York, ubicada en la Plaza de la Unión, quedó arruinado y dispuso irse.

Pese a la reticencia de Diego, pese a que, como lo deseaba Frida, se habían mudado del hotel Barbizon-Plaza a un departamento ubicado en la Quinta Avenida y la Calle 8, pese a todo, por fin llegó la hora del regreso. El año 1934 empezaría en la casa de San Ángel, en México.

III

La pintora famosa

El regreso

Frida describió los últimos tiempos de su estadía en Nueva York como no del todo agradables. De esta etapa de su vida hizo un resumen que dejó plasmado para la posteridad. Estos son algunos fragmentos que pintan su regreso a México y un año después:

...Hubo campañas contra Diego, que lo agotaban, ratos en que yo me sentía harta de ese pinche país (EUA) y él quería quedarse contra todo. Pero también habíamos tenido buenos momentos, meses en que la puerta de nuestra casa estaba abierta noche y día para que los amigos pudieran entrar y salir según su regalada gana. Eso creaba una cierta animación. Y el día que Diego —y no por primera vez— recibió el dinero del Rockefeller Center, lo dividió en partes iguales que metió en otros tantos sobres para distribuirlos después entre nuestros amigos artistas del Village, a cual más pobres. ¡Qué fiesta! ¡Qué felicidad! También estuvo la relación de Diego con la hermosa Louise Nevelson, pero no quiero hablar de eso. Por una vez, no se iba detrás de la primera coqueta que se presentara. Louise era fabulosa, una personalidad terrible, una escultora grande, notable, cuya obra, seguramente, marcaría todo el arte del siglo XX. En ese sentido yo comprendía a Diego y tenía que aceptar una escapada del genio; mejor dicho, de los genios.

Me dolía, pero callaba. Diego siempre volvía a mí. Al final no teníamos un centavo, de modo que todos pusieron para pagarnos el viaje y, para asegurarse de que subiéramos al barco, algunos de ellos subieron con nosotros por un momento. Hicimos escala en La Habana. Fue deliciosa. Nos paseamos por el malecón, donde había hermosísimas casas coloniales, una gran animación norteamericano-cubana, mujeres carnosas y sensuales, hombres traviesos; el viento estaba cargado de un olor salado, fuerte, el mar era verde. En un café al aire libre comimos langostas enormes. Yo recordaba que era el país de Julio Antonio Mella y me preguntaba qué sería de Tina.

Miraba a Diego y me sentía enamorada de mi único sapo-rana. En paz.

Desembarcamos en Veracruz...

Nos instalamos en la casa de San Ángel. La parte más grande, ocre-rosa, era para Diego, la más pequeña —azul— para mí. Pasábamos de una a otra por un puentecito. Diego estaba contrariado por haber tenido que regresar, y yo me sentía en gran parte culpable. Pero, ¿qué hacer?

A pesar de llevar una vida animada y de los buenos amigos —de John Dos Passos a Lázaro Cárdenas, el presidente—, de una casa espaciosa, con hermosos cactos y hasta monos, la vida con Diego estaba en peligro. Tenía que terminar los murales del Palacio Nacional, y le proponían rehacer su mural del Rockefeller Center en el palacio de Bellas Artes. Durante el año de 1934, yo estuve enferma con frecuencia: tuve que operarme del apéndice, después resolvieron hacerme la primera operación en el pie derecho —amputación de cinco falanges, nada más— que no terminaba nunca de cicatrizar y me dolía mucho, y tuve otro aborto provocado —esta vez los médicos diagnosticaron trompas infantiles que no me permitirían llevar el embarazo a término—. Diego se quejaba de lo que gastaba en médicos por mi causa. Decía que por mí "estaba en bancarrota..."

Por último no encontró nada mejor que hacer que andar con Cristina, mi hermana menor. Era como clavarme el cuchillo en la herida: ella era un poco parte de mí, pero estaba en mejor estado que yo. Traté de razonar, pensando que, después de todo, no tenemos más que una vida y hay que vivirla lo mejor posible, cualitativa y cuantitativamente. Pero de todos modos sufría. Y además me sentía culpable de sufrir, porque ese sufrimiento era indigno de alguien que pretendía tener ideas liberales. Era un círculo vicioso del que no podía salir. Pasaban los meses y la relación continuaba.

Decidí tener un departamento para mí sola, pero no resolvió nada. En el verano de 1935, cansada de la situación, me fui a Nueva York, con la esperanza de que el viaje estableciera un corte donde podría ver más claro.

En Nueva York hacía un calor tórrido. Me instalé en un pequeño hotel cerca de Washington Square, con mi amiga la pianista Mary Schapiro. Veía amigos, caminaba y tomaba baños casi fríos, le escribía a Diego. En el fondo, ¿qué eran todas esas relaciones en comparación con nuestro amor? Pecadillos, incluso su asunto con Cristina. Comprobaba una vez más que necesitaba a Diego y él a mí, y que por esa razón no había que romper nada entre nosotros y tratar de aceptar lo demás.

Volví a México con la paz en las manos, dispuesta a un nuevo *modus vivendi*, dispuesta a todo con tal que no nos perdiéramos mutuamente.

Hacía todo lo posible por no sentirme herida por las historias entre Diego y Cristina u otras. Nuestro contrato tácito de vida en común implicaba apoyo recíproco e independencia.

Pero cuando el escultor Isamu Noguchi y yo nos enamoramos locamente el uno del otro, las cosas no fueron tan sencillas. Durante meses vivimos de citas clandestinas, de amor robado al tiempo, a Diego, a mi vida. A Isamu le molestaba mucho todo eso. Veía a Diego vivir a la vista y paciencia de todo el mundo su vida de conquistador y no comprendía mi prudencia. A pesar de todo, tengo la impresión de que viví casi un año seguido bailando y haciendo el amor. Nuestra relación terminó cuando apareció Diego con su pistola. Isamu comprendió y desapareció.

Fue también un año en que trabajé poco. Sin embargo, pinté *Unos cuantos piquetitos*, un cuadro considerado inquietante, originado en un hecho real. Un hombre había asesinado a una mujer a cuchilladas y ante el juez declaró: "Pero si no le di más que unos cuantos piquetitos..." ¡Y probablemente sin mala intención! Mi cuadro: el asesino, de pie y vestido, con el cuchillo en la mano; sobre una cama blanca, su víctima desnuda, ensangrentada...; sangre por todos lados, salpicando —en tamaño natural— hasta el marco de mi tela, así fue como representé la escena.

¿Por qué esa idea morbosa? Quizá haya sido simplemente una defensa. Esa mujer asesinada era en cierto modo yo, a quien Diego asesinaba todos los días. O bien era la otra, la mujer con quien Diego podía estar y a quien yo hubiera querido hacer desaparecer. Sentía en mí una buena dosis de violencia, no puedo negarlo, y la manejaba como podía. Me sentía como otra Artemisa Gentileschi, que en el siglo XVII había pintado a Judith degollando a Holofernes sin poder, en el fondo, vengarse de la realidad que la había violado, y no en una tela.

Por fin Frida estaba de vuelta en México y se ocupaba en el arreglo de las casas de San Ángel, el tipo de tarea que le encantaba. Frida debería haber estado feliz, pero los cuadros que pintó durante los siguientes dos años demuestran que no lo era. En 1934 no produjo ninguno. Al siguiente, sólo terminó dos: *Unos cuantos piquetitos* y un autorretrato en que su cabello corto y rizado le da una apariencia completamente diferente a la que tenía con el pelo lacio estirado hacia atrás. Parece que en los tormentos de su vida conyugal, Frida abandonó por un momento sus vestidos mexicanos, sus joyas y sus peinados con listones.

Tenía pocos meses de haber regresado y veía extinguirse toda esperanza de crear una nueva y armoniosa existencia. Supo que Diego sostenía una relación amorosa con Cristina, su hermana, a quien había abandonado su esposo cuatro años antes y vivía con sus hijos en la casa azul con Guillermo Kahlo. Nadie sabe cuándo se inició dicha relación, ni cómo y cuándo terminó. Lo cierto es que se le rompió el alma. Un hecho es que Rivera no estaba contento de haber regresado a México. Dicen que no quería trabajar a pesar de que recibió la oferta de pintar murales en la Escuela de Medicina de la Ciudad de México y de reproducir el fresco del Centro Rockefeller sobre un gran muro en el tercer piso del Palacio de Bellas Artes. Además, estaba enfermo. "Muy decaído y muy delgadito, del color de su piel como amarillosa... y sobre todo sin ánimos para trabajar, y triste siempre..." —escribió Frida en una carta a Ella Wolfe, en julio.

Frida tampoco gozaba de buena salud. Se hospitalizó cuando menos tres veces en 1934: para la extirpación del apéndice, para un aborto efectuado a los tres meses de embarazo, y porque se agravaron los problemas con el pie que le empezó a molestar desde que vivía en Nueva York. Se operó por primera vez en esa época, pero el proceso de curación fue muy largo. Se cree que todo esto, sumado a problemas económicos porque Diego no trabajaba y por lo tanto no ganaba dinero, fue la causa de que el maestro buscara y encontrara consuelo en Cristina Kahlo.

A principios de 1935, Frida decidió cambiarse de la casa de San Ángel a un pequeño departamento moderno, ubicado en el número 432 de la Avenida de los Insurgentes, en ese tiempo en el centro de la Ciudad de México. Ésta sería la primera de muchas separaciones. Sin embargo, aun cuando Frida y Diego no estuvieran juntos, se veían constantemente. Los amigos de Frida que conocían la situación por la que estaba pasando, admiraban su entereza y valor para enfrentar los problemas: "Se hacía la alegre y divertida a los demás con humor sarcástico, y nadie se imaginaba la magnitud de su tristeza".

A principios de julio (1935), Frida empacó sus cosas y tomó un vuelo a Nueva York junto con Anita Brenner y Mary Schapiro. El viaje era más bien una huida desesperada. Las mujeres decidieron viajar en un avión privado en lugar de irse por tren pues acababan de conocer al piloto de un "Stinson" la noche anterior, en una animada cena organizada por Diego. Después de seis días de viajar en avión incluyendo muchos aterrizajes forzosos, decidieron proseguir en tren hasta Manhattan, donde esperaban a Frida sus antiguos amigos Lucienne Bloch y Bertram y Ella Wolfe. Después de confiarse a ellos, Frida tomaría una resolución. "Al apagarse las llamas del rencor —escribió Bertram Wolfe— se dio cuenta que amaba a Diego y de que él era más importante para ella que las cosas que parecían separarlos". Resignada a tener un matrimonio de "independencia mutua", le escribió a Diego:

> Ahora entiendo que todas esas cartas, aventuras con mujeres, maestras de "inglés", modelos gitanas, asistentes con "buenas intenciones", "emisarias plenipotenciarias de sitios lejanos", sólo constituyen *flirteos*.

En el fondo, *tú y yo nos* queremos muchísimo, por lo cual soportamos un sinnúmero de aventuras, golpes sobre puertas, imprecaciones, insultos y reclamaciones internacionales, pero siempre nos amaremos...

Se han repetido todas estas cosas a través de los siete años que llevamos viviendo juntos, y todos los corajes que he hecho sólo han servido para hacerme comprender, por fin, que te quiero más que a mi propio pellejo y que tú sientes algo por mí, aunque no me quieras en la misma forma. ¿No es cierto?... Espero que eso siempre sea así y estaré contenta.

Diego, por su parte, se arrepentía de haberla lastimado, a pesar de que sabía que seguiría engañándola. "Es sólo sexo" —se justificaba una vez más—. Así, pues, Cristina volvió poco a poco a ser la hermana preferida de Frida, su mejor amiga. Complementarias, cómplices, unidas una a la otra por un vínculo indestructible, casi nunca se separaban. Los hijos de Cristina, Isolda y Antonio, actuaban con Frida como si ella fuera otra madre, y ella les devolvía su afecto. Para felicidad de Frida, en San Ángel estaban como en su casa.

En 1936 le operaron por tercera vez el pie derecho: le quitaron los huesos sesamoideos y le hicieron una simpatectomía. Pero la úlcera trófica del pie subsistió. En cuanto a la columna vertebral, los dolores disminuían y luego reaparecían cuando menos lo esperaba. Frida sufría, pero el sufrimiento, en lugar de atenuar su sed de vivir, la avivaba, y a lo largo de los años indudablemente fortaleció su carácter. Se había forjado una personalidad muy de ella, original, sensible, profunda y, si hemos de creer a todos los que la conocieron de cerca, extremadamente brillante. Pero había algo que a ella le importaba sobre todas las cosas: Diego estaba a su lado.

Sin embargo, aun cuando Frida haya alejado la aventura de su esposo no la olvidó. Dos y tres años después, dio testimonio de su persistente impacto en *Recuerdo*, de 1937, y

Recuerdo de la herida abierta, de 1938. En esta época empezó a utilizar en sus cuadros las heridas físicas como símbolos de daños síquicos. El primer cuadro revela cómo el sufrimiento causado por la relación entre Diego y Cristina con el tiempo dio lugar a la formación de una mujer independiente y fuerte, robustecida por la exposición de su vulnerabilidad. El otro, en cambio demuestra que Frida convirtió la herida abierta de los celos y el engaño en otra clase de franqueza. Se ha transformado en una mujer sexualmente liberada, coqueta e intrépida, y pese a la insistencia en su sufrimiento, parece despreocupada.

La otra Frida

Las dos casas de los Rivera en San Ángel, así como el puente que las unía, representaban la extraña relación de independencia e interdependencia que los caracterizaba. Sin embargo, en cuanto al aspecto económico, vivían generalmente por encima de sus posibilidades. Frida, que no tenía un centavo, se sentía culpable por los gastos médicos que Diego tenía que afrontar de manera permanente. Además estaban el mantenimiento de las casas, la ayuda económica a las hermanas de Frida, el pago de sirvientes y choferes, y las constantes adquisiciones de ídolos precolombinos que Diego añadía a su colección. "Frida solía regañarme a veces por no guardar suficiente dinero para comprar cosas tan prosaicas como ropa interior" —afirmó Diego—, pero agregó que la colección "lo valía". Dicen los testimonios que las relaciones de dinero no eran sencillas entre la pareja Rivera, así que Frida buscó una solución para evitar más problemas: le hacía llegar a Diego, por medio de amigos comunes, pequeñas notas pidiéndole dinero para los gastos relacionados con la casa, la limpieza de sus trajes, o alguna medicina indispensable. Así, pues, Diego proporcionaba el dinero y Frida lo administraba. A él no le interesaban las finanzas, y solían pasar años sin que sacara de sus sobres cheques de honorarios por grandes cantidades. Cuando lo reprendían, contestaba que era "demasiado molesto". Gastaba el dinero cuando él quería y también era muy generoso en el apoyo a organizaciones políticas de izquierda, así como con las familias de él y de Frida. Aun cuando Frida se preocupaba por mantener bajos los gastos y anotaba todo con mucho cuidado en un libro de contabilidad, entre 1935 y 1946 pidió la colaboración de Alberto Misrachi, hombre encantador y culto, además de dueño de una de las mejores librerías de la ciudad de México. Misrachi le sirvió de agente, contador y banquero.

Generalmente los días de los Rivera empezaban con un largo desayuno en la casa de ella. Lo aprovechaban para revisar el correo y organizar sus planes: quién necesitaba al chofer, qué comidas compartirían y quién llegaría a comer. Después del desayuno, Diego solía retirarse a su estudio o, en ocasiones, desaparecía para irse de excursión al campo, con el propósito de dibujar, y no regresaba hasta muy avanzada la noche. A veces, Frida subía a su estudio al terminar el desayuno; sin embargo, no pintaba con regularidad y pasaban semanas sin que trabajara. Según se sabe, en 1936, sólo realizó dos cuadros: *Mis padres, mis abuelos y yo* y un autorretrato. En esa época, Frida ocupaba la mayor parte de su tiempo en arreglar los asuntos de la casa, visitar a sus hermanas Adriana y Matilde, o reunirse con sus amistades para salir de la ciudad: "visitar algún pueblito en el que no haya más que indígenas, tortillas, frijoles y muchas flores, plantas y ríos".

Parece ser que entre los 28 y 29 años, Frida se sintió muy a gusto, absorta en sus raíces familiares, y con el recuerdo agradable de estar encerrada en el patio de la casa de Coyoacán. Por contraste, su casa de San Ángel era una meca para la intelectualidad internacional. Escritores, pintores, fotógrafos, músicos, actores, refugiados, militares políticos y gente con suficiente dinero para gastarlo en el arte se reunían en las pintorescas casas ubicadas en la esquina de Palmas y Altavista. Entre los visitantes extranjeros que buscaban a los Rivera, se encontraban John Dos Pasos y Waldo Frank. En cuanto a sus compatriotas, contaban entre sus asiduos visitantes al presidente Lázaro Cárdenas, el fotógrafo Manuel Álvarez Bravo y la hermosa estrella de cine Dolores del Río. Frida, vestida con sus galas tehuanas, presidía las reuniones heterogéneas, aunque por regla general, de ambiente bohemio.

Por las noches, acompañada de algunos amigos, solía frecuentar los centros nocturnos en el centro de la ciudad. Se dice que la afición que cobró a la cultura popular fue puesta de manifiesto en su entusiasmo por el circo, el teatro callejero, el cine y las peleas de box. Jean van Heijenoort, quien se volvió amigo íntimo de Frida en 1937, recordaba que "a veces Frida, Cristina y yo íbamos a bailar al Salón México, un salón de baile muy popular entre la clase trabajadora. Mientras yo bailaba con Cristina, Frida se quedaba observando todo". Además, Frida acostumbraba a cargar en su bolso o traer ocultas entre las enaguas, ánforas con coñac. Cuentan que algunas veces llevaba el licor en un "perfumero" que sacaba rápidamente de la blusa como si quisiera ponerse agua de colonia, y que se lo tomaba a tal velocidad que nadie se daba cuenta de lo que estaba haciendo. "Frida, tomando, podía dejar a cualquier hombre en el suelo" —atestiguaron sus amigos. Y Frida, tomada, se volvía más "indecente", menos burguesa, y sobre todo, malhablada. Pero no era la única que hacía eso: las mujeres mexicanas del mundo artístico o literario, se empeñaban en usar el mismo lenguaje. Quizá para Frida era una forma de dar rienda suelta a sus temores, a sus frustraciones, a su soledad...

Desde su regreso a la casa de San Ángel, Frida se convirtió en la compañera y sostén de Rivera. Lo consentía, lo cuidaba cuando estaba enfermo, peleaba con él, lo castigaba y lo amaba. Él la apoyaba, se enorgullecía de sus logros, respetaba sus opiniones, la amaba... y seguía mariposeando.

Frida acabó también por hacerlo. La mitad de las veces, Frida se llevaba el coche durante el día con el fin de acudir a una cita con algún amante, hombre o mujer.

Parece ser que las tendencias homosexuales de Frida se manifestaron por primera vez el último año que pasó en la Escuela Nacional Preparatoria, causando, obviamente, un trauma. Estas tendencias volvieron a surgir después de que ella entrara al mundo bohemio y liberal de Diego, donde las relaciones amorosas entre mujeres eran comunes y condonadas. Los hombres costeaban una casa chica para que las mujeres tuvieran relaciones íntimas. En estas circunstancias, Frida no se avergonzaba por ser bisexual, y a Diego tampoco le preocupaba eso. "Las mujeres son más civilizadas y sensibles que los hombres, porque estos últimos son más sencillos en lo sexual" —afirmaba el maestro. Según Rivera, los órganos sexuales del hombre se encuentran "en un solo lugar", mientras que los de las mujeres están distribuidos "por todo el cuerpo, debido a lo cual dos mujeres juntas tendrán una experiencia mucho más extraordinaria".

"Frida tenía muchas amigas, entre ellas, algunas lesbianas" —dijo Jean van Heijenoort—. "Su lesbianismo no la volvía masculina. Era una clase de efebo, infantil y definitivamente femenina al mismo tiempo". Y Frida representó estas tendencias en su arte, lo mismo que todos los demás aspectos de su vida íntima, pero, quizá, no tan abiertamente. Tuvo muchos amantes, hombres y mujeres, sin embargo prefería a los hombres. Según sus amigos, la relación amorosa más apasionada de Frida fue la que tuvo con ella misma.

En 1935 había conocido al joven escultor Isamu Noguchi, exuberante, encantador y particularmente apuesto. Él había llegado a México con la ayuda de una beca Guggenheim para pintar un mural en el mercado Abelardo L. Rodríguez y cuando conoció a Frida quedó encantado. Esto fue lo que dijo al respecto:

La quería mucho. Era una persona extraordinaria, maravillosa. En vista de que se sabía muy bien que Diego era mujeriego, no se puede culpar a Frida por andar con hombres... En esos días todos éramos más o menos activos en ese sentido, incluyendo a Diego y Frida. Sin embargo, él no lo toleraba por completo. Yo solía tener citas con ella en diferentes partes. Un lugar era la casa de su hermana Cristina, la casa azul de Coyoacán.

Cristina me caía muy bien. Era más baja que Frida y tenía unos ojos verdes encantadores. También era algo más normal; no poseía el mismo fuego de su hermana. Nos llevábamos muy bien los tres. Llegué a conocer bastante bien a Frida durante ese periodo de ocho meses. Íbamos a bailar todo el tiempo. A ella le encantaba bailar. Tenía pasión por todo lo que no podía hacer. La ponía completamente furiosa el no ser capaz de hacer las cosas.

El romance entre Noguchi y Frida terminó cuando Diego se enteró y amenazó al amante con una pistola. "Diego llegó con una pistola —narró el propio Noguchi—. Siempre la cargaba. La segunda vez que me la mostró fue en un hospital. Frida estaba enferma por alguna razón, y fui a visitarla, él sacó la pistola y dijo: '¡La próxima vez que lo vea, lo voy a matar!'"

Hasta el último periodo de su vida, cuando la debilidad física le hacía difícil tener contactos heterosexuales, Frida prefirió los hombres a las mujeres.

Apasionada activista

Con la elección de Lázaro Cárdenas en 1934, las tendencias políticas de México giraron hacia la izquierda. Cárdenas expulsó al ex presidente Calles en abril de 1936, regresó al país al camino de las reformas agrarias y laborales, y en

1938, nacionalizó la industria petrolera, con lo cual expropió numerosas inversiones extranjeras. Aun cuando en México reinaba un clima de libre expresión con debates políticos abiertos, el Partido Comunista seguía atacando a Diego Rivera. En 1933, cuando León Trotsky se convenció de que era imposible quedarse en la misma Internacional con Stalin y empezó a formar la Cuarta, Diego se declaró simpatizante del movimiento trotskista, y aunque no se afilió al sector mexicano del partido de Trotsky hasta 1936, pintó el retrato del mismo en la sede neoyorquina de la organización e incluyó otro en la segunda versión del mural del Centro Rockefeller, pintado en el Palacio de Bellas Artes. Rivera convenía con Trotsky en que era perjudicial el fortalecimiento de la burocracia en la Unión Soviética y creía en el internacionalismo revolucionario, doctrina opuesta al "socialismo en un solo país" predicado por Stalin.

En México, los comunistas ortodoxos criticaban a Rivera no sólo porque era trotskista sino porque su arte aunque era político era comercial. Diego aprovechó la oportunidad de exponer sus ideas en una conferencia sobre la educación progresista, que formaba parte de una serie de exposiciones organizadas por el Instituto Nacional de Bellas Artes. Siqueiros, que era fiel seguidor de la doctrina comunista de Stalin, habló acerca del movimiento muralista mexicano y emprendió un ataque cáustico contra la contribución de Diego. Éste, de inmediato se puso de pie de un salto y negó todas las acusaciones a gritos. Los ánimos empezaron a caldearse de tal manera que se suspendió la sesión y se fijó un duelo de palabras entre Rivera y Siqueiros para la tarde siguiente. Sin embargo, tan esperado debate resultó un fiasco. Quedó registrada para la posteridad la agresiva intervención de Frida para apoyar a su marido, insultando y golpeando a un conocido escritor de la época —Emmanuel Eisenberg—, y la reacción de Diego lanzando dos golpes a la mandíbula del escritor, al mismo tiempo que gritaba "¡Ese hijo de la chin... es estalinista!

Frida Kahlo compartía el entusiasmo que Diego sentía por Trotsky. Sin embargo, no se afilió al partido. En México, en esa época, éste consistía en unos cuantos intelectuales y gente metida en los sindicatos. Frida prefirió apoyar la lucha por la defensa de la República Española: el 18 de julio de 1936 había estallado la Guerra Civil en España. Opinaba que esta lucha contra la sublevación de Franco representaba "la esperanza más viva y fuerte para que se aplaste el fascismo en el mundo". Junto con otros simpatizantes leales, ella y Diego formaron un Comité que se encargaba de conseguir dinero para un grupo de milicianos españoles, que llegaron a México en busca de ayuda económica. Frida pertenecía a la Delegación del Exterior. Con su salud quebrantada, no podía hacer otra cosa más que organizar reuniones, escribir cartas, reunir víveres y artículos de primera necesidad, y empacar uniformes y medicamentos en cajas para enviarlos al frente.

Muchas personas que formaban parte del círculo de los Rivera partieron rumbo a España: mexicanos, norteamericanos, franceses. Tina Modotti, quien había sido expulsada de México a Alemania después del asesinato de Julio Antonio Mella, y que se encontraba entonces en la Unión Soviética, salió de Moscú rumbo a España sin vacilar. Una carta que Frida le escribió al doctor Eloesser el 17 de diciembre, nos da una idea de sus actividades en ese momento:

Sería irme a España, pues creo que ahora es el centro de lo más interesante que pueda suceder en el mundo... ha sido de lo más entusiasta que ha habido la acogida que todas las organizaciones obreras de México han tenido para este grupo de jóvenes milicianos. Se ha logrado que muchos de ellos voten un día de salario para la ayuda de los compañeros españoles, y no se imagina usted la emoción que da ver qué sinceridad y entusiasmo de las organizaciones más pobres de campesinos y obreros, haciendo un verdadero sacrificio, pues usted sabe bien en qué miserables condiciones vive la gente en los pueblitos, han dado, sin embargo, un día entero de haber para los que combaten ahora en España en contra de los bandidos fascistas... He escrito a Nueva York y a otros lugares y creo que lograré una ayuda, que aunque pequeña, significará, cuando menos, alimentos o ropa para algunos niños hijos de los obreros que luchan en el frente en estos momentos. Yo quisiera suplicarle a usted que en lo posible hiciera propaganda entre los amigos de San Francisco...

La participación de Frida en el movimiento político sirvió tanto para concentrar su energía como para acercarla a Diego, quien necesitaba de su ayuda. Entre 1936 y 1937, Rivera pasó varios periodos de semanas enteras en el hospital, por problemas oculares y renales. A Frida la habían operado del pie por tercera vez, pero en lo que cabía se encontraba mejor de salud que Diego. "Yo he trabajado muchísimo y en todo lo que he podido he tratado de ayudar a Diego mientras se encuentra en cama, pero como usted sabe, está desesperado cuando no trabaja, y nada lo conforma" —volvió a escribirle al doctor Eloesser en el mes de enero (1937).

En noviembre de 1936 había llegado un telegrama de Nueva York concretamente de Anita Brenner, preguntándole a Diego si podía conseguir que el gobierno mexicano concediera asilo político a León y Natalia Trotsky. Stalin los había expulsado en 1929 de la Unión Soviética, donde ya vivían deportados en Kazajstán desde 1928. La vida de los Trotsky había sido un largo y doloroso trayecto de refugiados desde su salida de Rusia a México, pasando por Turquía, Noruega y Francia. "Un camino sembrado de emboscadas, de trampas, de muerte".

Diego, aun cuando se hallaba enfermo, fue a ver al presidente Cárdenas que estaba en el otro extremo del país y consiguió que les dieran asilo político. El matrimonio Trotski llegó el 9 de enero de 1937 a México por el puerto de Tampico. Frida, en representación de Diego, y algunos camaradas, fueron a recibirlos. Natalia no quería desembarcar pues temía que algún stalinista los atacara. Finalmente se organizó un operativo de seguridad alrededor de ellos, y cuarenta y ocho horas después llegaron a la casa azul de Coyoacán rodeados de policías. Los Trotsky vivirían allí sin pagar renta durante los siguientes dos años.

La casa estaba deshabitada. Cristina, la hermana de Frida se había cambiado a una casa ubicada a unas cuadras de distancia en la calle de Aguayo; se cree que Rivera se la compró. Guillermo Kahlo se fue a vivir con Adriana, conservando de su antigua casa sólo un cuarto que había construido para guardar sus aparatos fotográficos.

Guillermo, que había visto su casa transformada en pocos días en un pequeño bunker —habían tapiado las ventanas que daban a la calle y pululaban los policías por todas partes, además de camaradas de guardia por la noche— quiso saber quiénes eran esas personas y le preguntó a Frida: "¿Quién es Trotsky?" Ella le contó que era el creador del Ejército Rojo, "el hombre que hizo posible la Revolución de Octubre, compañero de Lenin". Más tarde Kahlo se acercó a Frida y le dijo: "Estimas a esa persona, ¿verdad? Quiero hablar con él. Quiero aconsejarle que no se mezcle en la política porque es mala para el hombre. Durante la vida, la voluntad del hombre no está en libertad".

Los Trotsky quedaron felizmente instalados en Coyoacán. Les gustaba la casa azul, el patio lleno de plantas, las habitaciones amplias y ventiladas, decoradas con arte popular y precolombino, y los numerosos cuadros. "La casa de Rivera era como un nuevo planeta para nosotros" —escribió Natalia.

Durante sus años de vagabundeo, Trotsky nunca perdió la confianza en su idea de que estaba destinado a cambiar el mundo. Así, pues, poco a poco, organizó su trabajo político con la ayuda de Jean van Heijenoort, el secretario, una dactilógrafa, camaradas asignados a una tarea u otra. Antonio Hidalgo, alto funcionario mexicano, establecía la comunicación con el presidente Cárdenas. Diego y Frida se mostraban atentos y generosos.

Las actividades dentro de la casa estaban muy bien organizadas. Por la mañana se establecía el programa del día para cada uno. Se había formado una comisión investigadora internacional "para examinar las acusaciones lanzadas contra Trotsky y su hijo en el proceso de Moscú". Todo se hacía con extremo rigor y sin pérdida de tiempo, fruto de la experiencia de Trotsky en tantos años de lucha. No había que dejar nada librado al azar. Y menos que nada, la elección de las personas que rodeaban a Trotsky.

Sin embargo, Frida y Diego parecían gozar de una situación especial. Diego, con su simpatía habitual, llegó a establecer con Trotsky una relación mucho más abierta y libre que las que éste generalmente guardaba con quien fuera. Diego era el único que podía visitarlo a la hora que fuera sin concertar una cita, y uno de los pocos a los que Trotsky recibía sin tener presente a una tercera persona. Pese al cierto anarquismo natural en Diego, que Trotsky veía con malos ojos, su espontaneidad y su generosidad naturales no podían dejar de ganárselo.

En el caso de Frida había muchas más ventajas que ella sabía aprovechar. León Davidovich era un hombre fuerte, de brillante inteligencia y personalidad con frecuencia dura, pero indudablemente atractiva. El 25 de enero, dos semanas después de su llegada, la revista *Time* publicó: "Según nuestras últimas noticias, el anfitrión Diego Rivera ha regresado al hospital por una enfermedad renal: la señora de Trotsky se encuentra en cama con lo que parece una recaída de la malaria y la joven anfitriona señora de Rivera, de ojos oscuros, cuida y atiende con mucho respeto a su huésped Trotsky, quien ha vuelto al dictado de la monumental biografía de Lenin que inició hace dos años". Trotsky también solicitó la formación de un comité internacional para el análisis de la evidencia que fue usada en su contra en los juicios de Moscú. Trabajó a un paso muy acelerado para preparar su declaración.

Durante los meses subsiguientes al "juicio", los Rivera y sus huéspedes se reunían con bastante frecuencia. A pesar de que tanto Diego como Trotsky estaban obsesionados con el trabajo y disponían de poco tiempo para hacer vida social, las parejas comían juntas a menudo y organizaban días de campo y se iban de excursión a lugares cercanos a la ciudad de México. El ruso, que entonces contaba con cincuenta y siete años, causaba aún gran impresión con su presencia física. Se conducía como un héroe, con gestos dinámicos y pasos firmes. Tenía los ojos azules que miraban de manera penetrante a través de unos lentes redondos con armazón de carey y la mandíbula firme, que hacían patentes su fervor y tenacidad intelectuales. A pesar de que poseía un sentido del humor, lo caracterizaba cierta seriedad imponente. Era un hombre acostumbrado a conseguir lo que quería.

Asimismo, tenía un vigoroso interés por el sexo. Se dice que le gustaba Cristina, la hermana de Frida, pero que lograron disuadirlo de esta imprudente aventura, el recelo expresado por su séquito y la afectuosa, pero firme falta de interés manifestada por la misma Cristina. A Frida, quien por su cabello y su barbas blancas le puso el apodo de "Piochitas", le atraían su reputación de héroe revolucionario, su brillantez intelectual y su fuerza de carácter. Dice uno de los biógrafos de Frida que no se puede atribuir a la "debilidad" el juego amoroso que surgió entre ésta y Leon Davidovich. Afirma que fueron "dos personalidades que se encontraron y se dieron por un momento la una a la otra algo de sí mismas". Otro concluye que "la aventura de Frida con el amigo e ídolo político de su esposo sería la venganza perfecta por la relación de éste y su hermana". En cualquier caso Frida desplegó todas sus facultades seductoras con el fin de cautivar a Trotsky... y lo consiguió.

Teniendo en cuenta el contexto, tanto político como psicológico que rodeaba a Trotsky y a Frida, la relación estaba lejos de poder ser fácil. Trataron de ser discretos: hablaban en inglés entre ellos, se escribían cartas que intercambiaban bajo cualquier subterfugio y hasta llegaron a citarse en casa de Cristina en las calles de Aguayo. Dicen que Rivera ignoró la existencia de esta relación pero que Natalia se puso celosa y muy deprimida a finales de junio. Llevaba casada con Trotsky treinta y cinco años y juntos habían pasado infinidad de peligros y desventuras. La misma gente que rodeaba al ruso temía que se descubriera la aventura, lo que levantaría tal escándalo que lo desacreditaría a los ojos del mundo.

El 7 de julio, León Trotsky abandonó la casa de Coyoacán y se trasladó a una finca ubicada cerca de San Miguel Regla, en el estado de Hidalgo, no muy lejos de la ciudad de México. Frida fue a visitarlo el 11 de ese mes acompañada de Federico, el hermano de Lupe Marín. Seguramente en el programa del día estaba el desenlace de su relación. Ella Wolfe, amiga de Frida señaló que fue ésta y no Trotsky quien puso fin al romance, comentado que "ya estaba harta del viejo".

Varios meses después, el 7 de noviembre de 1937, aniversario de la Revolución Rusa y cumpleaños de Trotsky, Frida le obsequió uno de sus famosos autorretratos. Quizá uno de los más encantadores de todos los que pintó.

La artista

Cuando a principios de 1938, la situación entre stalinistas y trotskistas hacía pensar que Trotsky estaba en peligro, se tomaron precauciones para su protección. Había llegado la noticia de la muerte de su hijo Liova (Sergio, su otro hijo, había desaparecido en la Unión Soviética desde 1935), y Diego fue quien se la comunicó. Desde ese entonces se instrumentó un dispositivo de seguridad más fuerte alrededor de Trotsky.

Frida le obsequió a Trotsky, con quien tuvo amoríos, uno de sus famosos autorretratos. Quizá uno de los más encantadores de todos los que pintó.

En tanto, Frida y Diego trabajaban y se divertían, como siempre, con ahínco. Los amores de uno y del otro se volvieron más intrascendentes, y fue entonces cuando Frida empezó a tomar su profesión más en serio y a pintar con más disciplina. Entre 1937 y 1938 produjo más cuadros que durante todos los ocho años anteriores de su matrimonio. En una larga carta con fecha del 14 de febrero de 1938, que envió a Lucienne Bloch, se refleja el estado de ánimo de la pintora en este tiempo, su relación con Rivera y la importancia que tuvieron para ella sus amoríos con Trotsky: He aquí algunos fragmentos:

...Si quieres saber algo acerca de mi singular persona, ahí te va: desde que ustedes dejaron este bello país, he seguido mala de mi pezuña, es decir, pie. Con la última operación (hace precisamente un mes), cero y van cuatro tasajeadas que me hacen. Como tú comprenderás, me siento verdaderamente "*poifect*" y con ganas de recordarles a los doctores a todas sus progenitoras, comenzando por nuestros buenos padres, en términos generales, Adán y Eva. Pero como esto no me serviría lo suficiente para consolarme y descansar ya vengada de tales "maloreadas" me abstengo de tales recuerdos o recordatorios, y aquí me tienen hecha una verdadera "santa", con paciencia y todo lo que caracteriza a esa especial fauna... me han sucedido otras cosas más o menos desagradables, las cuales no procedo a contártelas por ser de insignificante valor. Lo demás, la vida cotidiana, etcétera, es exactamente la misma que tú ya conoces con excepción de todos los cambios naturales debido al estado lamentable en que se encuentra por ahora el mundo: ¡qué filosofía y qué comprensión!

...Diego también ha estado enfermo, pero ahora ya casi está bien; sigue trabajando como siempre, mucho y bien, está más gordito, igual de platicador y comelón, se duerme en la tina, lee los periódicos en el WC y se entretiene horas jugando con don Fulang-Chang (un mono), al que ya le consiguió consorte... Todavía Diego pierde todas las cartas que llegan a sus manos, deja los papeles en cualquier parte... se enoja mucho cuando lo llama uno a comer, florea a todas las muchachas bonitas y a veces... se vuelve ojo de hormiga con algunas ciudadanas que llegan de improviso, con el pretexto de "enseñarles" sus frescos, se las lleva un día o dos... a ver diferentes paisajes... ya no se pelea tanto como antes con la gente que lo molesta cuando trabaja; se le secan las plumas fuente, se le para el reloj y cada quince días hay que mandarlo componer, sigue usando esos zapatos de minero... Se pone furioso cuando se pierden las llaves de los coches, y generalmente aparecen dentro de su propia bolsa; no hace nada de ejercicio ni se baña en el sol jamás; escribe artículos para los periódicos que, generalmente causan un "bochinche" padre; defiende a la Cuarta Internacional a capa y espada y está encantado de que Trotsky esté aquí... Como podrás observar, he pintado, lo que ya es algo, pues me he pasado la vida hasta ahora queriendo a Diego y haciéndome guaje respecto al trabajo, pero ahora sigo queriendo a Diego y, además, me he puesto seriamente a pintar monitos. Inquietudes de orden sentimental y amoroso... ha habido algunas pero sin pasar de ser puramente vaciladas...

En abril se anunció la llegada a México del ensayista y poeta surrealista André Breton y su esposa Jacqueline. El Ministerio de Asuntos Extranjeros de Francia había elegido a Breton "el padre del surrealismo" para dar una serie de conferencias en el país, que en su opinión era surrealista por esencia. La pareja vivió unos días en casa de Lupe Marín, antes de instalarse por una temporada más larga en casa de los Rivera, en San Ángel.

A Breton le gustó el trabajo de Frida desde que lo vio por primera vez, pero ésta se mantuvo escéptica y desconfiada ante los halagos del artista, a quien encontró arrogante, aburrido y demasiado teórico en sus concepciones artísticas. Al final de una larga conversación, Breton acabó proponiéndole exponer en París, con los surrealistas. Frida, sin embargo, se defendió, alegando de manera humilde: "Hay muchos pintores que merecen más que yo una exposición... yo no valgo mucho, soy autodidacta. Y no he pintado mucho... y no tengo el menor deseo de gloria, ni ambición. Pinto para divertirme, sobre todo... aunque no pinto mis sueños sino mi propia realidad". "En su pintura, Frida, sus sufrimientos se han transformado en poesía" —fue lo que le contestó Breton.

Frida había recibido una carta de la *Julien Levy Gallery* de Nueva York proponiéndole hacer una exposición en otoño. Mientras tanto, los Rivera, los Trotsky y los Breton, acompañados por Jean van Heijenoort y algunos camaradas más, repartidos en dos o tres coches, planeaban excursiones a los alrededores de la Ciudad de México. Visitaron las pirámides y los templos de Teotihuacan, escalaron las faldas del Popocatépetl, se internaron en los bosques del Desierto de los Leones, y también pasearon por Taxco y Cuernavaca.

Durante estos paseos, se discutía de política y de arte principalmente. Del México prehispánico con Diego y Frida, de la política y el arte entre todos. Muy pronto surgió entre Trotsky y Breton la idea de una federación internacional de artistas revolucionarios independientes, con un manifiesto que redactaría principalmente Breton. Entre los dos, había más de una divergencia: para el primero, todo debía conducir a una acción política; para el segundo, la política formaba parte del arte y la poesía. Breton quería "sondear la complexión del artista". Trotsky sólo estaba interesado en ella en la medida en que permitía esperar aplicaciones concretas.

En julio, los Breton, los Rivera y los Trotsky viajaron a Pátzcuaro, Michoacán, con la intención de conocer unos, pasear otros, y Diego, comprar artesanía típica del lugar. Todo eso lo harían durante el día y por la noche, se dedicarían a conversar acerca del arte y la política. Planeaban publicar estas pláticas con el título: "Conversaciones en Pátzcuaro". Fueron hasta la isla de Janitzio, situada enmedio del lago de Pátzcuaro, donde las embarcaciones de los pescadores, con sus grandes redes, parecen mariposas sobre el agua. Al regreso reanudaron sus pláticas, Trotsky dominó la primera "conversación", en la que expuso su teoría de que en la sociedad comunista del futuro, no habría divisiones entre el arte y la vida. "La gente decoraría sus propias cosas, pero no habría pintores profesionales de caballete que satisficieran los gustos de patrocinadores particulares".

Frida y Jacqueline Breton decidieron no participar en las discusiones y se entretenían en algún rincón con algún juego de mesa o simplemente salían de la habitación a fumar un cigarrillo. "Nos portábamos como dos colegialas —decía Jacqueline—, pues Trotsky era muy estricto. No podíamos fumar, por ejemplo. Él nos dijo que las mujeres no debían fumar. Frida, de cualquier forma, encendía un cigarro, pero como sabía que él haría algún comentario, abandonábamos la habitación y nos íbamos a fumar afuera. Ambas queríamos a Trotsky. Exageraba con todo y era muy anticuado".

A pesar de que a Frida no le simpatizara André Breton, éste se mostraba encantado con ella y su trabajo. Además de haberle ofrecido organizar una muestra de su obra en París, después de la exposición de Nueva York, escribió un ensayo muy halagador para el folleto de la exhibición realizada por Julien Levy. En el texto de este ensayo, Breton proclama a Frida surrealista por creación propia:

Mi asombro y regocijo no conocían límites cuando descubrí, al llegar a México, que su obra había florecido, produciendo en los últimos cuadros un surrealismo puro, y eso a pesar del hecho de que todo fue concebido sin tener conocimientos anteriores de las ideas que motivaron las actividades de mis amigos y mías. Sin embargo, en este momento preciso en el desarrollo de la pintura mexicana, que desde principios del siglo XIX se ha mantenido aparte, en gran medida, de la influencia extranjera y ligada profundamente a los propios recursos, presencié aquí, del otro lado de la tierra, el derramamiento espontáneo de nuestro propio espíritu interrogativo: ¿a qué leyes irracionales obedecemos?, ¿qué señales subjetivas nos permiten distinguir el camino indicado en el momento que sea?, ¿qué símbolos y mitos prevalecen en cierta coincidencia de objetos o sarta de acontecimientos?, ¿qué significado puede atribuirse a la capacidad que tiene el ojo de pasar de la fuerza ocular a la visionaria...?

Este arte aún contiene esa otra parte de crueldad y de humor singularmente capaz de mezclar los raros poderes eficaces que en conjunto forman la poción secreta de México. La facultad de la inspiración es nutrida aquí por el éxtasis extraño de la pubertad y los misterios de las generaciones. Lejos de considerar que estos sentimientos componen terrenos vedados de la mente, así como sucede en las zonas de clima más frío, ella (Frida) los expone orgullosamente, con una mezcla de franqueza e insolencia a la vez...

La primera exposición

Después de una calurosa fiesta de despedida, Frida partió para Nueva York a principios de octubre (1938). En los dos años anteriores había trabajado intensamente y tomando parte, por vez primera, en una exposición colectiva. Ahora la invitaba Julien Levy a una exposición individual. La exposición y la reciente venta de cuatro de sus cuadros al actor norteamericano Edward G. Robinson, reforzaron sus sentimientos de independencia y de seguridad. Se sentía "muy dueña de sí misma". Aunque no existen indicios concretos sobre el asunto, amigos y conocidos especulaban que Frida se había separado de Diego Rivera. En efecto, hizo creer a amigos como Noguchi y Julien Levy que ya no estaba con Diego, que estaba "harta de él " y que se encontraba "viviendo su propia vida". Y con desenvoltura flirteaba con sus admiradores, terminando por sostener una íntima y apasionada relación amorosa con el fotógrafo Nicolás Muray.

Lo cierto era que, algunas veces, se refería a Diego como si ya no lo soportara: "Ese viejo cerdo gordo... haría lo que fuera por mí". Otras veces, afirmaba: "Es tan cariñoso. Lo extraño mucho. De cierta manera rara, simplemente lo adoro". Siempre se contradecía, según la confusión de sus propios sentimientos.

Siendo que por ese entonces todavía existían pocas galerías de arte, y menos aún galerías vanguardistas, la apertura de la exposición se convirtió en un gran acontecimiento cultural. El considerable éxito para una primera exposición individual encontró asombroso eco en la prensa. En la inauguración, Frida se veía espectacular en su traje mexicano, el complemento perfecto de los cuadros decorados con marcos folclóricos.

A pesar de la crisis económica de los Estados Unidos, de los veinticinco trabajos expuestos —entre ellos algunos ejemplares de colecciones, expuestos en calidad de préstamo— fueron vendidos la mitad. Además Frida obtuvo encargos de algunos visitantes, como A. Conger Goodyear, otrora presidente del *Museum of Modern Art de Nueva York*.

Esto es parte de lo que ella escribió acerca de su primera exposición individual:

> Durante el verano de 1938, si bien recuerdo, el actor norteamericano Edward G. Robinson me compró cuatro cuadros de una sola vez. Mi primera venta grande. Estaba dividida entre el gusto ligado al reconocimiento y una incomodidad imposible de reprimir: ¿Merecía mi trabajo que lo adquirieran con tanto interés? Tenía ganas de destruir los cuadros, de esconderme. Por lo demás fue Diego quien se encargó de los tratos financieros, porque yo era incapaz. Sin embargo, también tenía mis deseos de brillar.
>
> Y ese fue el lado que se impuso cuando me fui sola a Nueva York, en otoño. La Julien Levy Gallery acogía mis cuadros del 1º al 14 de noviembre. Veinticinco cuadros.

Pese a una salud totalmente precaria, me hallaba moralmente en buen estado, y experimentaba un curioso sentimiento de libertad al estar de pronto lejos de Diego. Tenía ganas de liberarme de su dominio afectivo, de ejercer mi capacidad de seducir, de afirmarme. Debí parecer completamente desenfrenada. Pasaba de un hombre a otro sin desconcertarme.

La noche de la inauguración me sentía particularmente excitada. Me había vestido como una reina y eso producía su efecto. En la galería había una multitud. Desde los Rockefeller hasta Alfred Stieglitz, el fotógrafo y Georia O'Keeffe, su esposa pintora, pasando por Meyer Schapiro, Dorothy Miller, etc..., todos parecían impresionados. Fue un éxito absoluto. Tuve buenas críticas y aparecieron fotos mías en los periódicos; uno de ellos criticó el prefacio de André Breton que abría el catálogo porque se había publicado en francés; un periodista tuvo la grosería de decir que mi pintura era más bien obstétrica...

Sin duda nunca habría mirado al fondo de sí mismo, no sabe lo que es una mujer, ignora lo que el arte implica de dolor, oculto o declarado, y quizás lo confundió con una broma decorativa.

Diego, desde lejos, se preocupaba todo lo posible por mi exposición y fue él quien escribió sobre mi trabajo las más bellas palabras, que envió a un crítico de arte, Sam A. Lewinson. Percibo en ellas una enorme ternura:

> *"Te la recomiendo, no como esposo, sino como admirador entusiasta de su obra ácida y tierna, dura como el acero y delicada y fina como el ala de una mariposa, adorable como una sonrisa hermosa y profunda y cruel, como la amargura de la vida".*

En mis desvergonzadas andanzas tuve una preferencia. Ésta se convirtió en amor, llamado Nicolás Muray.

Lo había conocido en México, donde habíamos descubierto complacidos que los dos teníamos orígenes húngaros, él más que yo. Yo lo admiraba como fotógrafo, y nunca hablo de su celebridad sino de lo que yo sentía ante sus imágenes, y amaba la suavidad al mismo tiempo que la belleza, la humanidad, la vivacidad del hombre. Fue allá, en Nueva York, donde nos unimos tanto el uno al otro.

Nicolás Muray, de ascendencia húngara, era un pretendiente serio. Hijo de un empleado de correos, llegó a Estados Unidos en 1913, a los 21 años, con veinticinco dólares en la bolsa. Para fines de los veinte, se había convertido en uno de los fotógrafos de más éxito en ese país. Era un hombre apuesto, atractivo, sofisticado pero sencillo y amable. Frida lo conoció en México, parece ser que a través de Miguel Covarrubias, quien era colaborador del *Vanity Fair*, al igual que Muray. Más tarde la ayudaría en la planeación de su exposición, en la toma de fotografías de los cuadros, en el arreglo de asuntos como el empaque, y más tarde en el desempaque y revisión de los mismos al llegar a Nueva York. Pero la relación amorosa surgió allá, lejos del escudriñamiento de Diego, y sería importante para Frida, aunque ni él ni ninguno de sus rivales lograron hacerle la competencia al intenso afecto que ella sentía por su marido. Asimismo, Frida sabía que éste la amaba. Cuando ella vaciló en ir a París para la exposición que estaba organizando Breton, a causa de su precario estado de salud y la preocupación por tener que dejar solo a Rivera por mucho tiempo, éste le envió una carta, cariñosa, alentadora, con recomendaciones muy del estilo del maestro, y la convenció.

De Nueva York a París

"Toma de la vida todo lo que te dé, sea lo que sea, siempre que te interese y te pueda dar cierto placer" —insistía Diego.

Así, pues, en enero de 1939, en pleno invierno, Frida se embarcó con destino a París. En esa época prevalecía en Europa un clima de intranquilidad aunque Hitler estaba en Munich bajo control, y la Guerra Civil en España estaba llegando a su fin al reconocer Gran Bretaña y Francia el régimen de Francisco Franco.

Su llegada a París no fue tan afortunada como lo esperaba. Breton —según Frida— no se había ocupado de la exposición, por lo cual los cuadros estaban detenidos en la aduana y no se había hecho aún ningún trato con alguna galería para recibirlos. Fue con la ayuda de Marcel Duchamp, un pintor surrealista —el único que ayudó realmente a Frida—, que la artista consiguió llevar a cabo los preparativos necesarios para la exposición. La galería *Renou & Colle*, en la calle de Siene, conocida por especializarse en obras surrealistas, aceptó exponer la obra de Frida junto con obras mexicanas de los siglos XVIII y XIX, además de fotografías de Manuel Álvarez Bravo, figuras precolombinas de la colección de Diego Rivera y numerosos objetos de arte popular que Breton había adquirido en los mercados mexicanos. La exposición "Mexique" fue inaugurada el 10 de marzo de 1939.

Frida se había hospedado en casa de André y Jacqueline Breton, un pequeño departamento ubicado en el número 42 de la calle Fontaine, donde se sintió incómoda, tanto por lo reducido del espacio como por problemas con André. Andaba de mal humor y no dejaba de echar pestes contra "esa banda de hijos de la chin... lunáticos, los surrealistas", según sus propias palabras. Le molestaba la gente, el idioma y hasta el clima. Sin embargo, casi a pesar suyo sentía que la ciudad era hermosa, y volvía sin cesar a algunos lugares: la plaza de Vosgos, los muelles y Notre-Dame... Montparnasse... y conoció algunas personas que le interesaron: Paul Eluard, Yves Tanguy, Max Ernst, Marcel Duchamp...

Apenas se acababa de mudar al Hotel Regina, ubicado en la Plaza de las Pirámides, cuando cayó enferma. Tuvo un problema de colibacilos en los riñones, con fiebre alta, lo que la obligó internarse en el hospital norteamericano de Neuilly. La esposa de Duchamp, una norteamericana llamada Mary Reynolds, fue a visitarla y le ofreció hospedaje en su casa.

Frida se quejaba de los infortunios que había encontrado en París, pero lo que en realidad deseaba era regresar a Nueva York y volver a encontrarse con Nicolás Muray, a quien le escribía largas y apasionadas cartas de amor. He aquí algunas frases de las que utilizaba para dirigirse a su amante:

> ... Te amo, mi Nick. Soy tan feliz con la idea de que te amo —de que tú me esperas—, de que tú me amas...
>
> Mi amante, mi amoroso, mi Nick —mi vida— mi niño, te adoro...

No regresó "al maldito hotel, porque no podía quedarme completamente sola" y se instaló en casa de los Duchamp. Para ese entonces, la cuestión de la muestra se había resuelto, por fin.

La exposición no fue el éxito comercial que se esperaba porque la situación política no se prestaba. Pero fue un éxito por el interés y la estima que suscitó. Frida fue la estrella. Obtuvo el reconocimiento de los pintores, de Ives Tanguy a Picasso, quien, muy impresionado, escribiría después a Diego Rivera: "Ni tú, ni Derain, ni yo sabemos pintar caras como las de Frida Kahlo".

Sus nuevos amigos la acompañaron a los cafés frecuentados por artistas y a clubes nocturnos como el *Boeuf-sur-le Toit*, donde escuchó jazz y observó cómo bailaban los demás. El mundo de la alta costura también la aclamó. Los trajes regionales, especialmente los de tehuana, gustaron tanto a Elsa Schiaparelli que diseñó un vestido llamado "Madame Rivera" para las parisinas elegantes. Una mano de Frida, cubierta de anillos, apareció en la portada de la revista

The Frame. Este autorretrato fue comprado por el Museo del Louvre. Fue la primera obra de un artista mexicano del siglo XX en entrar en el museo. El cuadro es, desde entonces, propiedad de la nación francesa.

Vogue. El museo del Louvre le compró un cuadro, el autorretrato "The Frame", siendo ésta la primera obra de un artista mexicano del siglo XX en entrar en el museo. El cuadro es, desde entonces, propiedad de la nación francesa.

Frida se desesperó por la derrota de los republicanos en la Guerra Civil española y conoció, de primera mano, el sufrimiento de los refugiados de ese país. Con la ayuda de Diego dispuso la emigración de cuatrocientos de ellos a México. A pesar de que Frida representó a México en una o

131

más reuniones trotskistas y siguió asociándose con ese grupo hasta abandonar París, estuvo siempre dispuesta a apoyar a su marido cuando se enteró que éste había roto su amistad con Trotsky. "Diego se peleó con la Cuarta (Internacional) y le dijo de manera muy enfática a 'piochitas' (Trotsky) que se fuera al diablo" —les escribió a sus amigos los Wolfe.

A fines de marzo, Frida dejó París por El Havre. En el barco que la llevaba de regreso a Nueva York empezó a pintar el cuadro *El suicidio de Dorothy Hale*, un retrato que Clare Boothe Luce, la editora de la revista *Vanity Fair*, le había encargado. La actriz Dorothy Hale, amiga de Frida y de Clare, se había quitado la vida en 1938 saltando desde la ventana de su habitación en un rascacielos.

En Nueva York se encontraba Nicolás Muray, quien fue a recibirla al puerto de Manhattan y le comunicó que pronto iba a casarse. Seguramente Frida se sintió dolida con esta noticia, pero decidió quedarse ahí una corta temporada. Dejó el hotel donde se hospedaba y se fue a vivir a casa de una de sus amigas. Volvió a trabajar un poco: dibujos, naturalezas muertas con frutas tropicales, los últimos toques del *Suicidio de Dorothy Hale*. Finalmente, una mañana decidió regresar a México.

Frida ya sabía, de tiempo atrás, sobre los conflictos personales y políticos entre Diego y Trotsky; incluso éste último le había escrito a París pidiéndole su intervención, pues no quería perder a Rivera como amigo y como compañero político. Dicen que el verdadero problema fue el hecho de que el trotskismo profesado por Diego no tenía consistencia ni profundidad; además, acusaba de stalinista al ruso. Por su falta de disposición para someterse a los dogmas o sistemas de otra gente, el artista era incapaz de permanecer, obediente, bajo el ala ideológica de Trotsky o de servir al partido como funcionario responsable. Asimismo, y al igual que muchos intelectuales de la época, se decepcionó de la Cuarta Internacional de Trotsky. Diego se molestó cuando Trotsky tomó medidas para limitar su influencia dentro del Partido Trotskista de México, después de que quiso convencerlo de que podía ser de mayor utilidad a la causa en el campo del arte, que en el trabajo administrativo. A finales de diciembre, Rivera le escribió una carta a Breton criticando los métodos de Trotsky, quien le pidió que la redactara de nuevo para eliminar dos declaraciones erróneas. Rivera se mostró complacido, pero no hizo ninguna modificación.

Finalmente Diego y Trotsky no arreglaron sus diferencias y éste dejó la "casa azul" y se mudó muy cerca, a una casa de la calle de Viena, también en Coyoacán. Esto sucedió en abril de 1939 —en agosto de 1940 lo asesinaría un agente de la GPU que fingía ser trotskista—. Frida, en tanto, se sentía bastante incómoda con la situación y no quería intervenir porque le habían dicho que Diego se había enterado de su relación con Trotsky, y suponía que por eso su marido se mostraba tan agresivo con ella y con el ruso. Dicen que a esas alturas ella estaba aburrida tanto de los celos de Diego como de su permanente infidelidad.

"A las demás mujeres no las amo —se excusaba él—. A la única que necesito es a mi Friduchita". Pero algo sucedía entre la pareja que ya no toleraban seguir sus vidas como hasta entonces. Por algún tiempo en México se habló de los amores de Diego con la actriz Paulette Goddard; después, con la pintora húngara Irene Bohus... El caso es que Frida estaba muy dolida por la pérdida de Nicolás Muray y Diego seguía en sus mismas indiscretas andanzas de toda la vida... Al acercarse el verano, Frida decidió irse a vivir, una vez más, a la "casa azul" y Rivera nunca fue a buscarla. En el otoño siguiente se iniciaron los trámites para el divorcio, el cual se concretó el 6 de noviembre de ese año (1939).

La vida sin Diego

Después del divorcio, Frida se mostraba extremadamente melancólica. Decía que ella no quería la anulación del matrimonio, que había sido Diego quien lo decidió. Parece que él intentó persuadirla de que una separación sería lo mejor para ambos, y la convenció de que lo abandonara. Rivera no pudo, sin embargo, convencerla de que sería feliz y de que su carrera saldría adelante en cuanto se separase de él.

Los amigos de la pareja sostuvieron distintas explicaciones sobre la separación y divorcio. Unos dijeron que fue porque Diego se enteró de los amoríos de Frida con Muray y sintió unos celos más intensos que los normales. Otros, que los Rivera tenían problemas sexuales: ella por su frágil salud; él porque sufría de impotencia. Otra teoría supone que Rivera se divorció de Frida con el fin de protegerla contra posibles represalias por sus actividades políticas. El mismo Diego informó a un reportero en San Ángel que la separación se realizó "llanamente y sin problemas. No están implicadas cuestiones sentimentales, artísticas ni económicas. De veras es por precaución". Agregó que estimaba a Frida más que nunca. "Sin embargo, creo que mi decisión ayudará al desarrollo de su vida en la mejor forma posible. Es joven y bella. Ha tenido mucho éxito en los centros artísticos más exigentes. Tiene todas las posibilidades que le puede ofrecer la vida, en tanto que yo ya soy viejo y no estoy en condiciones de darle mucho. Para mí, ella se encuentra entre los cinco o seis más destacados pintores modernistas".

Cuando el mismo periodista entrevistó a Frida en Coyoacán, ésta no proporcionó muchos datos: "Nuestra separación ha durado cinco meses. Surgieron problemas después de mi regreso de París y de Nueva York. No nos llevamos bien". Agregó que no tenía intención de casarse de nuevo, y nombró "razones íntimas, causas personales difíciles de explicar" como motivo del divorcio.

Frida se sentía muy sola. Su única compañera era ella misma. El autorretrato *Las dos Fridas*, que muestra una Frida compuesta por dos personalidades, fue terminado poco después del divorcio. En este cuadro reflejó la separación y la crisis matrimonial. La parte de su persona admirada y amada por Rivera, la Frida con traje regional, sostiene en la mano un medallón con el retrato de su marido cuando niño; el medallón forma parte del legado de la artista y está hoy expuesto en el museo Frida Kahlo. A su lado está sentado su otro "yo", una Frida cuyo vestido de encaje la hace aparecer europea. Los corazones desnudos de ambas están unidos mediante una arteria. Los otros extremos de las arterias están separados. Con la pérdida de su amado, la Frida europea perdió también una parte de sí misma. Del corte en la arteria brota sangre, que a duras penas es conte-

Las dos Fridas. Muestra una Frida compuesta por dos personalidades, Khalo lo terminó poco después del divorcio en 1940.

nida por una pinza quirúrgica. La Frida desairada amenaza con desangrarse.

En esta época de soledad Frida trabajaba intensamente. Puesto que no quería aceptar el apoyo económico de Rivera, intentaba ganarse su sustento con la pintura. "No volveré a aceptar dinero de un hombre mientras viva" —declaraba segura de sí misma—. En los años siguientes surgió una serie de autorretratos que llaman la atención por su gran parecido. Se diferencian en tal caso, por los atributos, por el fondo y por el colorido, influenciado por el arte popular mexicano. Con estas variantes expresó diversos estados de ánimo, que al mismo tiempo ocultaban que se trataba de una producción serial, orientada a la venta.

Un mes después de concretarse el divorcio Frida repitió lo que hizo en 1934, como reacción a la aventura entre Diego y Cristina: se cortó el pelo. El 6 de febrero escribió a Nicolás Muray, con quien siguió manteniendo correspondencia por largo tiempo: "Tengo malas noticias para ti: me corté el cabello y parezco un hada. Bueno, crecerá de nuevo, ¡espero!" La nueva independencia de la artista también es captada en el *Autorretrato con pelo cortado*. En lugar de retratarse con atuendo femenino como en la mayoría de sus pinturas, se encuentra vestida con un amplio y oscuro traje de caballero. Los largos cabellos acaban de ser cortados con unas tijeras que sostiene en la mano derecha. Una de las trenzas reposa sobre su muslo, el resto de los mechones se enredan entre sí y están esparcidos por el piso de la habitación, alrededor de las patas de la silla donde ella está sentada. "Mira que si te quise, fue por el pelo. Ahora que estás pelona, ya no te quiero" —escribió la artista en la parte superior de su obra (una estrofa de una canción de la época). Esto se ha interpretado como una amenaza de Frida hacia Diego por su desamor. O sea, como se sentía amada sólo gracias a sus atributos femeninos, decidió deshacerse de ellos y deponer la imagen femenina que de ella se esperaba.

Deshecha por una separación inevitable que ella no acababa de aceptar, Frida en sí debilitada, resintió el golpe en su estado de salud. A finales de 1939 la espalda le dolía tanto que los médicos le ordenaron "permanecer acostada dentro de un terrible aparato que me cubría hasta el mentón y me hacía sufrir infernalmente". Se había pensado en una operación en vez de inmovilizarle la columna por medio de aquel artefacto que pesaba veinte kilos. Además, un hongo en los dedos de la mano derecha vino a empeorar la situación. Lo más admirable era que pintaba incesantemente, pero estaba tan desesperada que tomaba una botella entera de brandy todos los días. En esa época, además de *Las dos Fridas* y del *Autorretrato de pelo cortado*, pintó *Autorretrato con mono; Autorretrato con collar de espinas y colibrí*.

En enero de 1940 se celebró en México, en la Galería de Arte Mexicano, la "Exposición Internacional del Surrealismo", en la que Frida participó con *Las dos Fridas* y *La mesa herida*. Organizada por André Breton, César Moro y Wolfgang Paalen, la exposición agrupó a muchos nombres célebres, entre ellos Alberto Giacometti, Raoul Ubac, Yves Tanguy, Man Ray, Giorgio de Chirico, Pablo Picasso, Paul Delvaux, Meret Oppenheim, Matta Echaurren, Vassily Kandinsky, Paul Klee, André Masson, Henry Moore, René Magritte, Manuel Álvarez Bravo, Hans Arp, Kurt Seligman, Humphrey Jennings, Salvador Dalí, Denise Bellon, Hans Bellmer, Diego Rivera... Pretendía ser una manifestación ambiciosa, y las obras expuestas daban prueba de eclecticismo, tanto por la diversidad de las técnicas artísticas representadas como por el contenido, pero no cumplió con las expectativas.

La inauguración tuvo lugar el 17 de enero y Frida aunque físicamente parecía desmejorada, se había ataviado de manera espléndida. Dicen que esa noche bebió tequila y que le brillaban mucho los ojos. Ya tarde, cuando regresaba a la casa de Coyoacán, abundantes lágrimas rodaban por sus mejillas: sabía que Diego estaba allí, en la exposición, rodeado de mujeres, como siempre. En su estudio, mientras se disipaba la sensación de embriaguez, se acercó a sus cuadros y al contacto de la pintura, de la trementina, reapareció el malestar que tenía en la piel de la mano derecha. Se quitó todos los anillos: la piel estaba roja y presentaba varias llagas casi vivas. Le habían diagnosticado una dermatosis pero hacía meses que se aplicaba cremas sin ningún resultado. Por consejo del doctor Eloesser debía ir a San Francisco para someterse a un tratamiento en su clínica.

En el mes de mayo, un atentado de los grupos stalinistas mexicanos encabezado por el muralista David Alfaro Siqueiros, estuvo a punto de acabar con la vida de León y Natalia Strotsky. De inmediato la policía sospechó de Rivera debido a sus frecuentes declaraciones antitrotskistas. Gracias a una serie de circunstancias favorables y a la ayuda de Paulette Goddard que le advirtió a tiempo que lo buscaban, logró esconderse para luego partir a San Francisco en compañía de Irene Bohus, la pintora húngara.

El 21 de agosto la prensa anunció el asesinato de Trotsky, a quien le hundieron un piolet en la cabeza en su propia casa. Un "camarada", que realmente era un agente de la GPU soviética: Ramón Mercader, alias Jacques Mornard, en Francia, fue el ejecutor. Frida estaba sorprendida y encolerizada al darse cuenta de que algunos meses antes, el asesino había logrado ganarse su confianza y ella lo había invitado, con frecuencia, a cenar a Coyoacán.

Unos treinta policías se presentaron en su casa y procedieron a realizar un cateo minucioso dejando la "casa azul" en total desorden. Frida y Cristina fueron interrogadas y mantenidas bajo vigilancia. Es fácil imaginar que todo esto afectó a Frida al grado de tener que recurrir a la ayuda médica. Se pasaba todo el día culpando y maldiciendo a Diego por haber conseguido el asilo político para Trotsky. Lloraba amargamente por el triste destino del "piochitas" y de Natacha. No sólo le dolía la espalda y los huesos, también el alma.

Diego tuvo noticia del estado —psicológico y físico— en que se hallaba Frida, y repentinamente se inquietó. "Nunca dejé de echarla de menos" —según dijo. Y Frida, convencida por el doctor Eloesser de la necesidad de atenderse en los Estados Unidos, partió para San Francisco un día de septiembre de 1940.

Otra vez Diego

Después de la guerra, Diego Rivera trató de conseguir su readmisión al Partido Comunista y declaró con orgullo que obtuvo asilo para Trotsky con la intención de mandarlo matar. La mayoría de los estudiosos de estos hechos coinciden en que esta afirmación fue meramente presunción de Rivera, típica de su oportunismo político, "propio de un payaso" al cual se debían declaraciones tales como que había luchado al lado de Zapata y Lenin. Se dice que cuando ocurrió el asesinato de Trotsky, no compartió con nadie sus pensamientos acerca de las implicaciones políticas a largo plazo que éste tendría. Sin embargo, contrató a un guardia armado para protegerse mientras pintaba en la *Treasure Island* (Isla del Tesoro) en la Biblioteca del *San Francisco Junior College*, pues estaba convencido de que habría represalias contra él.

Hasta San Francisco le llegaban a Diego todas las noticias de cuanto acontecía en México. Parece que lo que más le afectó fue el arresto de Frida y el recrudecimiento de su enfermedad. Consultó al doctor Eloesser para que le diera su parecer respecto al padecimiento de ella. El médico no estaba de acuerdo con el tratamiento que le habían prescrito en México y propuso tratarla él mismo en San Francisco. En su opinión, el problema era una "crisis nerviosa" que la cirugía recomendada por los médicos no curaría. Eloesser le escribió a Frida:

> Diego te quiere mucho, y tú a él. También es cierto, y tú lo sabes mejor que yo, que tiene dos grandes amores

aparte de ti: 1) la pintura y 2) las mujeres en general. Nunca ha sido monógamo ni lo será jamás, aunque esta virtud de cualquier forma es imbécil y va en contra de los impulsos biológicos.

Reflexiona con base en esto, Frida. ¿Qué es lo que quieres hacer?

Si crees que puedes aceptar los hechos como son, vivir con él en estas condiciones, someter tus celos naturales a la entrega de trabajo, la pintura, la enseñanza en una escuela, a lo que sea mientras te sirva para vivir más o menos pacíficamente... y te ocupe tanto que te acuestes agotada todas las noches (entonces cásate con él).

Lo uno o lo otro. Reflexiona, querida Frida, y decide.

Cuando Frida abordó el avión rumbo a San Francisco a principios de septiembre, ya había tomado una decisión. No obstante, cuando Heinz Berggruen —un refugiado de la Alemania nazi que se convirtió en un respetado comerciante y coleccionista de arte—, la visitó en el Hospital Saint Luke, no pudo evitar sentirse atraída por ese apuesto joven de 25 años que la miraba embelesado, y a pesar del reciente reencuentro con Diego, decidió seguirlo después.

Frida estuvo hospitalizada un mes durante el cual le mandaron reposo absoluto, fue sobrealimentada (por anemia), privada totalmente de bebidas alcohólicas, se le aplicó electroterapia, calcio-terapia y punciones para extraer líquido cefalorraquídeo. Como se portó bien, recuperó no sólo la salud sino los ánimos, y partió con Heinz hacia Nueva York, para alojarse con él en el hotel Barbizon-Plaza.

En Nueva York Frida se sentía feliz. Además, tenía muchos amigos. La pareja pasó casi dos meses en esa ciudad, y ella llevaba a Heinz a las cenas, a las veladas de la gente famosa y a las fiestas liberales de los artistas. "Éramos muy felices —declaró Berggruen—. A través de Frida descubrí muchas cosas. Me llevó a fiestas, de las que había muchas en los círculos frecuentados por Julien Levy. Frida podía moverse con facilidad, a pesar de que le dolía la pierna".

Dicen que Heinz se veía muy enamorado pero que ella lo esquivaba. Diego, aunque a cinco mil kilómetros de distancia, le escribía constantemente, le telefoneaba casi a diario para insistirle en volver a casarse. Ella, después de un año de depresión, de soledad, de dolor, tenía ganas de divertirse y lo hacía no sin manifestar cierta arrogancia en su alegría. Tenía sólo treinta y tres años.

El idilio entre Heinz y Frida finalizó penosamente. Ella aceptó la propuesta de matrimonio de Diego, y Berggruen regresó a San Francisco antes que ella. Jamás se volverían a ver. Rivera, por su parte, sabía que el estado físico de Frida se estaba agravando. "Me voy a casar con ella —le dijo a Emmy Lou Packard—, porque de veras me necesita". No obstante, ella en realidad también le hacía falta a él. Según afirmó Rivera, la separación "había tenido consecuencias desagradables para ambos".

Se casaron en San Francisco, en una ceremonia muy íntima, el 8 de diciembre de 1940, día en que Diego cumplió 54 años de edad. Frida impuso ciertas condiciones que Diego aceptó, de las cuales la más importante fue no tener relaciones sexuales porque se le hacía insoportable si él andaba con otras mujeres. La complicidad entre ambos debía ayudarlos a encontrar un nuevo modo de vivir, imperando la tolerancia recíproca, con una buena dosis de independencia y de amistad.

De vuelta en México, se instalaron los dos en la "casa azul" de Coyoacán, donde Frida preparó una habitación para Diego. La vida con él recomenzó alrededor de la pintura, las tareas cotidianas, los amigos, las preocupaciones políticas, los animales de la casa. La reconciliación de los Rivera pronto adquirió una rutina agradable y relativamente feliz. Diego ya no era el único que decidía lo que debía hacer sino que lo resolvían por acuerdo mutuo. El pacto en que se basaba el nuevo matrimonio funcionaba muy bien, Frida Kahlo había ganado seguridad en sí misma, independencia económica y sexual, y era una pintora reconocida.

Según Emmy Lou Packard, una asistente de Rivera que vivió durante una temporada con la pareja, "tras su segundo casamiento con Diego, la vida de Frida se hizo algo más tranquila. Eran cosas sencillas de la vida —animales, niños, flores, el paisaje— lo que más interesaba a Frida." Así, en la primera mitad de los años cuarenta, en su producción surgen trabajos en los que uno de sus animales domésticos —papagayos, monos o perros Izcuintli acompañan el autorretrato de la artista.

Frida trabajaba tanto como se lo permitían la vida con Diego y su cuerpo enfermo. Había producido más cuadros cuando estuvo sola, angustiada y desesperada que en esta nueva etapa junto a Diego. "Trabajaba pocas horas al día pero siempre con mucho cuidado".

Un evento que afectó enormemente a Frida y que aconteció en 1941 —el 14 de abril—, fue la muerte de Guillermo Kahlo. "La muerte de mi padre ha sido para mí algo horrible. Creo que a eso se deba que me desmejoré mucho y adelgacé otra vez bastante. ¿Te acuerdas qué lindo era y qué bueno?" —escribió al doctor Eloesser—. Era patente que su salud y la muerte de su padre habían deprimido a Frida, y la guerra en Europa servía sólo para intensificar su congoja. Compartía la angustia de Diego por la amenaza o destrucción de la gente, los lugares y los valores políticos, sentimiento que se profundizó después de la invasión a Rusia en junio. Además, Diego se encontraba fuera del Partido Comunista y del centro del movimiento, lo que seguramente enervaba la atmósfera que respiraba la pareja.

La maestra Frida

En 1942 Frida comenzó a escribir un diario. De este documento se han extraído datos de su niñez y su juventud porque para fortuna de biógrafos y estudiosos de la artista, no comenzó su historia a partir de los años cuarenta. Se ocupaba de temas como la sexualidad y la fertilidad, la magia y el esoterismo, así como de sus sufrimientos físicos y psíquicos. Además, fijó sus pensamientos en bocetos a la acuarela y al *wash*.

Ese año fue elegida miembro del Seminario de Cultura Mexicana —una organización dependiente del Ministerio de Cultura que estaba formada por veinticinco artistas e intelectuales. La carrera de Frida había tomado un gran impulso, quizá como resultado del interés despertado en las exposiciones en el extranjero y la gran muestra del surrealismo en la Ciudad de México. Este reconocimiento atrajo a mecenas y redundó en encargos, un puesto como maestra, un premio, una beca, actividades en organizaciones culturales, conferencias, proyectos artísticos y alguna que otra invitación a colaborar en distintas publicaciones.

El mismo año (1942), se inauguró en México una escuela de arte. Su función era el fomento y divulgación de la cultura mexicana, la organización de exposiciones y conferencias, y la edición de publicaciones de arte. Se trataba de una escuela de enseñanza popular y liberal en la que el Estado se ocupaba de los materiales. La llamaron La Esmeralda por el nombre de la calle en que se encontraba, y tuvo desde el principio un gran éxito. Entre los pintores y escultores que constituían el cuerpo docente se contaban Frida y Diego. Artistas más que profesores, su enseñanza estaba impregnada de su personalidad. Las clases en esta escuela de arte tenían la peculiaridad de que los alumnos salían del estudio cerrado a la calle o al campo a buscar su inspiración y plasmarla en sus obras. Junto a la formación práctica, los alumnos recibían también clases de matemáticas, español, francés, historia e historia del arte. Dado que la mayoría de los alumnos y alumnas procedían de familias con escasos medios económicos, clases y materiales eran gratuitos.

Frida tenía doce horas semanales de docencia. Su método poco ortodoxo sorprendió a la mayoría de sus alumnos. Ya de entrada les ofreció el tratamiento de tú e insistía en una relación de camaradería. No tutelaba a sus alumnos, sino que estimulaba su propio desarrollo y autocrítica. Intentaba enseñarles algunos principios técnicos y la imprescindible autodisciplina, comentaba los trabajos, pero nunca atacaba directamente el trabajo creativo. Ésta fue la opinión generalizada de sus alumnos:

> La única ayuda (que nos daba) era el estímulo, nada más. No decía ni media palabra acerca de cómo debíamos pintar ni hablaba del estilo como lo hacía el maestro Diego... Fundamentalmente, lo que nos enseñaba, era el amor por el pueblo y un gusto por el arte popular. Desde el principio nos dijo: "Muchachos no podemos hacer nada encerrados en esta escuela, Salgamos a la calle. Vayamos a pintar la vida callejera".

Meses después Frida se vio obligada a impartir la clase en su casa de Coyoacán debido a su mal estado de salud. Intensos dolores en la espalda y en el pie le imposibilitaron el traslado a la escuela, aparte de que los médicos le prescribieron reposo absoluto. Tenía que llevar su primer corsé hecho de acero para mantener su columna vertebral recta y firme. A varios de sus alumnos que tomaban clases de pintura mural, una asignatura obligatoria en la escuela, con Rivera, les puso Frida tareas en esta especialidad. Uno de los edificios previstos para esta actividad era la "Pulquería La Rosita" en Coyoacán, un pintoresco establecimiento de esa época, en donde se servía "pulque".

Frida y Diego dirigieron los trabajos para que los alumnos pintaran allí un mural al óleo. El día de la inauguración asistió "Todo México": personajes famosos de los mundos del arte, la literatura, el cine y la música, además de alumnos de La Esmeralda y vecinos de Coyoacán. Éste fue el preludio de una serie de encargos para pintar murales en pulquerías.

La maestra no sólo les insistía a sus discípulos en el contacto directo entre el arte y la vida, sino que quería que también leyeran (a Walt Whitman y Mayakovsky, entre otros) y que aprendieran con base en la historia del arte. Los ponía a esbozar esculturas precolombinas en el Museo de Antropología y arte colonial en otros. Declaraba que el arte prehispánico integraba la "raíz del arte moderno". Aparte de los pintores anónimos de los retablos, sus artistas preferidos eran José María Estrada, Hermenegildo Bustos, José María Velasco, Julio Ruelas, Saturnino Herrán, Goitia, Posada, el doctor Atl y, por supuesto, Diego. Les mostraba a sus alumnos libros con reproducciones de pinturas producidas por artistas europeos tales como Rousseau y Brueghel. Les hablaba sobre Picasso a quien consideraba un "gran y multifacético pintor".

Además, Frida se encargaba de buscar posibilidades de exposición para los trabajos de sus alumnos en paneles de los jóvenes pintores. Del grupo de estudiantes que tomaba clases en la "casa azul" de Coyoacán, al principio numeroso, cuatro permanecieron fieles a Frida Khalo: Arturo Estrada, Arturo García Bustos, Guillermo Monroy y Fanny Rabel que, desde entonces, eran denominados "Los Fridos", y que continuarían en lo sucesivo visitando a los Rivera en Coyoacán.

Frida formó discípulos que hoy figuran entre los elementos más notables de la actual generación de artistas mexicanos. En ellos impulsó siempre la preservación y el desarrollo de la personalidad en su trabajo, al mismo tiempo que la preocupación por la claridad de las ideas sociales y políticas.

Diego Rivera

La columna rota

La salud de Frida se fue deteriorando con los años. Después de los corsés de yeso y de cuero, en esta etapa de su vida, a los 37 años, usaba su primer corsé de acero. Sentía que le sostenía la espalda pero no le aliviaba en absoluto los dolores. Frida adelgazaba notoriamente lo que provocaba periodos de sobrealimentación forzada, y a veces hasta transfusiones de sangre.

En 1945 le fabricaron por primera vez un zapato ortopédico con suela especial para su pie derecho. También le cambiaron el corsé de acero por uno de yeso, tan ajustado que no pudo soportarlo: le provocaba unos dolores espantosos no sólo en la espalda sino en la cabeza, en la nuca y en todo el tórax. Tuvieron que retirárselo. Continuamente la sometían a radiografías, punciones lumbares, inyecciones, analgésicos, tónicos... La confinaban a la cama por largos y repetidos periodos.

Mas algo bueno sucede en 1946. El Ministerio de Cultura le otorga el Premio Nacional de Pintura por su cuadro *Moisés*. Sin embargo, poco después, los médicos resuelven que es indispensable una intervención quirúrgica en su columna vertebral. Recomiendan que se efectué en Nueva York, en el *Hospital for Special Surgery* (Hospital para Cirugías Especiales). Así, pues, en mayo, Frida, acompañada por Cristina, viaja a Nueva York. Se trataba de soldar cuatro vértebras lumbares por medio de un trozo de la pelvis y una placa metálica de quince centímetros.

Tras la operación, Frida le escribió a su amigo de toda la vida, Alejandro Gómez Arias:

...ya pasé *the big* trago operatorio. Hace tres *weeks* que procedieron al corte y corte de huesos. Y es tan maravilloso este medicamento y tan lleno de vitalidad mi *body*, que hoy ya procedieron al pararme *feet* por dos minutillos, pero yo misma no lo *belivo*. Las dos *firsts* semanas fueron de gran sufrimiento y lágrimas, pues mis dolores no se los deseo a *nobody*. Son *buten* de estridentes y malignos, pero esta semana aminoró el alarido y con ayuda de pastillas he sobrevivido más o menos bien. Tengo dos enormes cicatrices en la espaldilla *in this* forma... (aquí hizo un dibujo).

Convaleció en Nueva York atendida por Cristina, con prohibición de pintar, que transgredió cuando todavía estaba en el hospital. En el otoño regresó a México para de inmediato ponerse un corsé de acero, el cual tenía que usar ocho meses. Después de una mejoría pasajera, los dolores en la espalda recomenzaron peor que antes, y no se aliviaban más que con grandes dosis de morfina —que toleraba mal. Los médicos mexicanos se cuestionaban la posibilidad de un error a la hora de soldar las vértebras. Un año después, en una operación similar, se confirmarían sus temores.

Para ese entonces, Frida tenía cada vez menos esperanzas de librarse de su pésima salud. Los médicos hacían promesas, un corsé sucedía a otro, la atrofia de la pierna derecha empeoraba, la dermatosis de la mano derecha, que había desaparecido por un tiempo, volvía. La moral, pese a los paliativos de medicamentos y el alcohol, rozaba la desesperación. La única tabla de salvación frente a tantos males parecía ser una vez más la pintura, a la que se entregaba durante largas horas de cada día.

He aquí una lista de cuadros, en su mayoría autorretratos, que Frida pintó de entonces hasta los años cincuenta. En todos ellos expresa el sufrimiento al que se vio sometida los últimos años de su vida.

Pensando en la muerte; autorretrato en que la imagen de la muerte está inscrita en la frente de Frida.

Autorretrato con Diego en mi pensamiento; cuadro de una extraordinaria finura pictórica, donde es la imagen de Diego la que está inscrita en su frente.

La columna rota, en que Frida llora, con el torso desnudo y los cabellos sueltos; envuelto en un corsé, su cuerpo se abre, mostrando entre el rojo de la carne una columna jónica hecha pedazos; y sobre todo el cuerpo visible hay clavos, puntos de dolor.

Diego y Frida 1929-1944; cuadro miniatura que conmemora quince años de unión entre ellos, formando un rostro completo con la mitad del rostro de cada uno, dentro de una raíz-corazón.

La novia que se asusta al ver la vida abierta; naturaleza muerta con frutas tropicales, abiertas, mostrando su corazón igual que Frida.

Sin esperanza; donde Frida en la cama, llorando, está vomitando todo; un puerquito, un pescado, una cabeza de muerto, la vida misma...

La venadita; autorretrato en que su cuerpo ha tomado la forma de un cervato, herido por flechas en el lomo y en pleno corazón, eternos lugares de las heridas reales y simbólicas de Frida.

Árbol de la esperanza; en que una Frida acostada sobre una camilla muestra las heridas que acaban de infligirle en la espalda, mientras que otra Frida vestida de rojo, muy seria y muy bella, está sentada más adelante, teniendo en una mano un corsé y en la otra una banderita que dice: "Árbol de la esperanza, mantente firme". El sol ilumina a la Frida operada, mientras que la otra está en la noche; a los pies se abre un barranco.

El infierno

Hacia el final de su vida, Frida describió como un "castigo" la serie de corsés ortopédicos que usó después de 1944, así como los tratamientos que los acompañaron. Hubo 28 en

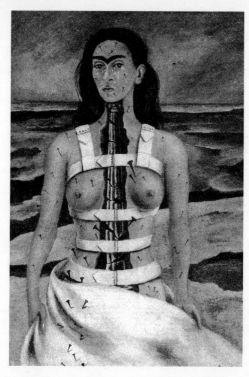

Cuando empeoró su estado de salud Frida se vio obligada a llevar un corsé de acero. Su cuerpo desgarrado y los surcos del yermo paisaje agrietado, se convierten en metáfora de dolor y soledad de la artista.

total: uno de acero, tres de cuero y los demás de yeso. Uno en particular no le permitía ni sentarse ni inclinarse. Se enojó tanto que se lo quitó y empezó a usar una faja para atarse el torso al respaldo de una silla y así sostenerse la espina. Hubo un periodo en el que pasó tres meses en una posición vertical, con bolsas de arena sujetas a los pies para enderezarle la columna vertebral.

Contaba Adelina Zendejas —amiga de Frida—, que cuando la visitó en el hospital después de una de sus tantas operaciones, la encontró colgada de anillos de acero, con los pies apenas en contacto con el piso. "Tenía enfrente un caballete y estaba pintando y contando chistes y anécdotas divertidas —recordaba aún horrorizada—. Cuando se cansó y ya no aguantaba más, fueron a bajarla con un aparato. La acostaron en la cama, pero con los mismos anillos para que no se contrajera la espina y las vértebras no se pegaran unas a otras". Existen otros testimonios por el estilo.

Frida escribió en su diario un día del año 1951.

He estado enferma todo un año: 1950-1951. Siete operaciones a la columna vertebral.

En efecto, estuvo internada en el Hospital Inglés (ABC) de la Ciudad de México más de nueve meses. A causa de insuficiencia circulatoria en la pierna, cuatro dedos del pie se le pusieron negros y tuvieron que ser amputados. Aparte, la volvieron a operar de la columna para soldar vértebras. Esa vez la herida en la espalda se infectó bajo el corsé y por más que trataron de curarle ese primer absceso, la herida no cicatrizaba y la infección reaparecía. Así, pues, hubo necesidad de otra operación para investigar por qué no cerraba la herida. Además, las defensas de Frida estaban agotadas. A menudo la alimentaban a la fuerza, la atiborraban de vitaminas y le hacían transfusiones de sangre. Desgraciadamente, los resultados seguían siendo negativos

Al paso de los meses, el cuarto de Frida en el hospital empezó a llenarse de libros, de objetos, de fotografías, de dibujos y de instrumentos de pintura. Diego tomó un cuarto en el hospital para estar cerca de ella, pero cuando veía que no era necesario quedarse, volvía a su vida de siempre quizá para huir, porque Frida, enferma, inmovilizada, multiplicaba sus sospechas, y se mostraba malhumorada y agresiva con él.

En el hospital, la enferma nunca estaba sola. Una de sus hermanas solía llevar comida para todos y todos permanecían junto a Frida: platicaban, reían y a veces hasta discutían sobre algún tema. Las hermanas Kahlo, los amigos y hasta el personal del hospital, que tenía atenciones especiales con Frida —que ella les devolvía—, estaban siempre pendientes de la enferma. Sin embargo, aun cuando ella se esforzaba por conservar la calma, llegó un momento en que no soportaba la inactividad de ese descanso forzado. Quería pintar, refugiarse en su pintura, pero los médicos no la autorizaban para hacerlo.

No fue hasta después de la sexta operación —de un total de siete— que los médicos le permitieron trabajar de cuatro a cinco horas al día. Sobre su cama fue instalado un caballete especial que le permitía pintar acostada, como antaño, como en su primera época, y pintó el *Autorretrato con el retrato del Dr. Farill*, dedicado al cirujano que había llevado a efecto las intervenciones y la tuviera a su cargo durante la estancia en el hospital. Esto fue lo que escribió Frida al respecto:

... El doctor Farill me salvó. Me volvió a dar la alegría de vivir. Todavía estoy en la silla de ruedas, y no sé si pronto volveré a andar. Tengo el corsé de yeso que a pesar de ser una lata pavorosa, me ayuda a sentirme mejor de la espina. No tengo dolores. Solamente cansancio... y como es natural, muchas veces desesperación. Una desesperación que ninguna palabra puede describir. Sin embargo, tengo ganas de vivir. Ya comencé a pintar. El cuadrito que voy a regalarle al doctor Farril y que estoy haciendo con todo mi cariño para él...

Por fin, la dieron de alta y pudo regresar a su casa, a la "casa azul" de Coyoacán. Podía caminar distancias muy cortas, apoyada en un bastón o con muletas pero la mayoría del tiempo estaba sentada en una silla de ruedas, desde donde pintaba cuando no lo hacía en cama. Si la pintura de Frida Kahlo se caracterizaba, hasta 1951, por una ejecución técnicamente cuidadosa, una forma de pintar casi miniaturista, en los últimos años, se ve reflejado cada vez más su estado de salud.

El creciente consumo de narcóticos es, probablemente, la causa de que su pincelada se volviera menos precisa, incluso se puede decir más descuidada, de que el color fuera aplicado de manera más basta y la ejecución de los detalles se hiciera menos minuciosa. Varias veces la encontraron casi inconsciente frente al caballete. Bebía grandes cantidades de coñac, brandy, tequila, kahlúa o todo mezclado. A las mezclas de licores fuertes sumaba las pastillas, todas las medicinas de que podía disponer. Lo hacía instintivamente porque su condición física la llevaba a la desesperación. Los intentos de suicidio la dejaban exánime, devastada, incapaz de articular una sola palabra, el cuerpo pesado por todo lo que había tomado.

Frida Kahlo sabía que sólo contaba con el sufrimiento para atar a su esposo a sí misma. Sin embargo, Diego era hombre con un vivo apetito en todos los aspectos de la vida, y no podía limitarse a una existencia en la que el cuidado de Frida fuera su preocupación principal. A veces tierno y otras, insensible, siempre era inconstante. Hubo peleas terribles y periodos de separación. A pesar de que Frida con frecuencia declaraba a sus amigos que ya no le importaban las aventuras de Diego porque "le hace falta alguien quien lo cuide", les pedía a sus amigas que se ocuparan de él, insinuando que atendieran también sus necesidades románticas cuando no se encontraba con ella.

Generalmente, Diego nunca estaba en la casa. Alegaba que huía porque no podía soportar el sufrimiento de su mujer. Decía en voz alta que si tuviera el valor suficiente la mataría él mismo para contener esa larga agonía que ella no quería vivir. Frida soltaba una gran carcajada y exclamaba: "¡Tengo cuarenta y cinco años! ¡Eso no es nada! Vamos ¡Tengo toda una vida por delante...! Agradezco tanta compasión. No, no lloren. Algún día los voy a sorprender. Me voy a convertir en una abuelita de largas trenzas blancas, y ya habré mandado al diablo todos los corsés y esta condenada silla de ruedas: no usaré más que un elegante bastón de caña, y me voy a tener que ocupar de ustedes, porque van a estar mucho peor que yo, ¡ya verán!"

Las amistades más cercanas a la artista durante esta época, fueron otras mujeres: María Félix, Teresa Proenza, Elena Vázquez Gómez y la arista Machila Armida. Los nombres de estas mujeres, además de los de Diego e Irene Bohus, se encuentran inscritos con pintura color de rosa en la pared de su recámara, y Frida decía que su casa les pertenecía. Contaba también con algunas amistades masculinas, como la de Carlos Pellicer que la visitaba con frecuencia, y de algunos "cachuchas".

Cuando ya no podía levantarse de la cama, Diego empezó a persuadir a sus amigas a que trabaran amistad con Frida. Les pedía que la visitaran y que pasaran la noche con ella. Dicen que Frida se portaba muy agresiva con ellas, que las atacaba sexualmente porque sentía grandes celos; porque suponía que Diego se acostaba con todas ellas.

Aparte de su hermana Cristina, Judith Ferreto fue probablemente la más cercana a Frida durante los últimos años. Era una mujer alta y guapa de cabello oscuro, de sentimientos nobles y tiernos. Al igual que muchas enfermeras particulares, Judith llegó a sentirse dueña de Frida. Estaba convencida de saber qué era lo mejor para su paciente y de que los médicos, los amigos, Diego y aun Frida misma no lo sabía. Esta devoción a veces se volvía tiránica y hacía que Frida se rebelara. "Eres como un general fascista que me impone cosas" —oponía Frida. De cuando en cuando la enfermera la exasperaba tanto que le gritaba o tiraba patadas. En varios ocasiones la echó de la casa, pero terminaba llamándola de nuevo, con las palabras: "Eres la única que me puede ayudar". Judith se dio cuenta de que Frida, la mayoría de las veces la despedía porque estaba empeorando su estado de salud.

La vida y la muerte

En la primavera de 1953, Lola Álvarez Bravo decidió organizar una exposición de los cuadros de Frida en su Galería de Arte Contemporáneo, ubicada en el número 12 de la calle de Amberes, en la llamada Zona Rosa de la Ciudad de México. "Me di cuenta que la muerte de Frida era inminente —señaló Álvarez Bravo—. Yo creo que hay que rendirle honor a la gente mientras todavía está viva para que lo disfrute y no cuando ha muerto" —añadió.

Para ella la noticia fue muy buena. Su estado de salud mejoró un poco por unos días, mientras hizo todos los preparativos necesarios y se ocupó pensando en el acontecimiento. "Los médicos opinaron que ya no podía empeorar y que el evento tal vez la estimularía".

La muestra iba a ser la primera exposición exclusiva de Frida Kahlo en su país natal. Para Frida, destrozada por la enfermedad, constituía un triunfo. Envió encantadoras invitaciones folclóricas, pequeños folletos impresos en papel de colores atados con brillantes cintas de lana. La galería, por su parte, publicó un folleto en el que Lola Álvarez Bravo llamó a Frida una "gran mujer y artista" y expresó que, de hecho, hacía mucho que merecía el homenaje.

El día anterior a la inauguración, Álvarez Bravo se enteró que Frida estaba muy enferma y que los médicos le habían prohibido moverse, pero que ella insistía en acudir a la exposición. Le comunicaron que Frida iba a enviar su cama de postes para poder asistir y permanecer acostada. Así, pues, a pesar de infortunios y prohibiciones, Frida llegó en una ambulancia escoltada por un grupo de motociclistas, de la cual fue sacada en una camilla de hospital. Una Frida pálida pero contenta, disfrutó su fiesta acostada en su cama. La exposición fue todo un éxito y la galería recibió llamadas desde París, Londres y varios lugares de Estados Unidos pidiendo detalles acerca de la muestra de Frida.

La última agresión quirúrgica al cuerpo de Frida sucedió en agosto de ese año (1953). Al cabo de un semestre de torturadora indecisión, los médicos tomaron la decisión de amputarle la pierna derecha. Ella apuntó en su diario: "Seguridad de que me van a amputar la pierna derecha. Detalles, sé pocos, pero las opiniones son muy serias. El doctor Luis Méndez y el doctor Juan Farill. Estoy preocupada, mucho, pero a la vez siento que será una liberación. Ojalá y pueda, ya caminando, dar todo el esfuerzo que me quede para Diego, todo para Diego."

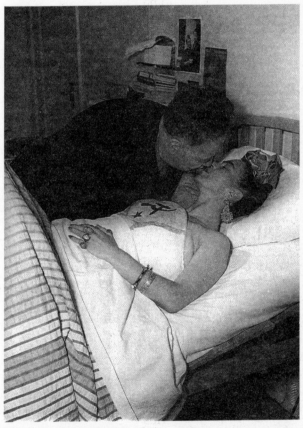

Durante sus últimos años de vida, Diego estuvo más cerca de Frida. Cuando nadie lograba calmarla, Diego llegaba a la casa a sentarse junto a ella.

La amputación de la pierna ofendió terriblemente la sensibilidad estética de Frida. En el nivel más profundo de su ser, su sentido de integridad y de respeto a sí misma estaba relacionado con la vanidad, la cual quedó destrozada. Se desmoralizó tanto que no quería ver a nadie, ni a Diego. "Diles que estoy dormida" —le pedía a la enfermera Ferreto. Cuando recibía a Diego, no le hacía caso, mostrando una actitud indiferente y lejana. Estaba callada y apática, y no se interesaba por nada.

Durante esta convalecencia, Diego se convirtió en "un colaborador maravilloso —según dijo Judith Ferreto. Cuando nadie lograba calmar a Frida, Diego llegaba a casa a sentarse junto a ella. La entretenía contándole sus aventuras, leyendo en voz alta, cantando suaves baladas o simplemente abrazándola hasta que la medicina la adormecía".

Mandaron hacer una pierna artificial para Frida que en un principio ella se negó a usar. Le parecía repugnante y además dolorosa, y cuando trató de aprender a caminar con su ayuda, se cayó. El doctor Velasco y Polo recordaba después, que Frida "mandó hacer una bola especial porque no le gustaba su pierna artificial. Le dije: 'Nadie se va a dar cuenta, porque siempre usa faldas largas'. Me respondió con una grosería: 'Hijo de su..., ¡no se meta en lo que no le importa! Me cortó la pierna, ¡pero ahora yo diré lo que se hace!'"

No obstante, al cabo de tres meses aprendió a recorrer distancias cortas y lentamente mejoró su estado de ánimo, de manera especial cuando retomó su pintura. En términos médicos, la amputación fue sencilla, sin embargo Frida no se recuperó por completo. El 11 de febrero apuntó en su diario: "Me amputaron la pierna hace seis meses; me han hecho sufrir siglos de tortura y en momentos casi perdí la 'razón'. Sigo queriendo matarme. Diego es el que me detiene, por mi vanidad que me hace pensar que le hago falta. Me lo ha dicho, y le creo, pero nunca en la vida he sufrido más... esperaré un tiempo".

En 1954, el 2 de julio, Frida hace acopio de sus fuerzas y participa en un acto público, el último en el que se le vería. Era un día frío y húmedo de la temporada de lluvias. Desobedeciendo las órdenes de los médicos, abandonó la cama a fin de participar en una manifestación comunista. A pesar de que se estaba recuperado de una bronconeumonía, quiso expresar su sentimiento de solidaridad con diez mil mexicanos que salieron a la calle para protestar contra la imposición por parte de la CIA, de un régimen reaccionario encabezado por el general Castillo Armas en Guatemala, en sustitución del presidente de tendencias izquierdistas Jacobo Arbenz. Caminaron de la Plaza de Santo Domingo al Zócalo. La presencia de Frida se convirtió en un espectáculo heroico: mientras Diego empujaba la silla de ruedas lentamente por las calles, destacadas figuras del mundo de la cultura mexicana les seguían.

El 6 de julio celebró su cumpleaños número 47 y hubo fiesta mexicana en su casa con cien invitados. Murió el 13. Una embolia pulmonar fue la causa de su muerte. Dicen que Frida no recibió a nadie el día anterior a su muerte porque estaba padeciendo unos dolores terribles. Diego pasó un rato con ella en la tarde. Platicaron y rieron juntos, y ella le informó que había dormido durante la mayor parte de la mañana, "como me lo ordenó el doctor Velasco y Polo..." En la noche le dio a Diego el anillo que había comprado como regalo por sus bodas de plata —las celebrarían el 21 de agosto— y le indicó que quería despedirse de él y de algunos de sus amigos más íntimos. A las diez de la noche Rivera llamó al doctor Velasco y Polo. "Frida está muy enferma; me gustaría que la viniera a ver". El médico acudió y halló a Frida en estado crítico, causado por la bronconeumonía. Al abandonarla y bajar encontró a Diego platicando con un amigo. El doctor advirtió: "Diego, Frida está muy grave". Diego respondió: "Sí, ya lo sé". "Pero de veras, está muy enferma, tiene una fiebre muy alta" —insistió el primero—. "Sí" —contestó Diego.

A las once de la noche y después de tomar un jugo de fruta, Frida se durmió con Diego a su lado. Convencido de que estaba profundamente dormida, éste se fue a pasar el resto de la noche al estudio de San Ángel. A las cuatro de la madrugada, Frida despertó y se quejó de algunos dolores. La enfermera la calmó y le arregló las sábanas, y se quedó cerca de ella hasta que se volvió a dormir. Todavía no amanecía cuando la señora Mayet —la enfermera—, escuchó a alguien tocar la puerta. Eran las seis de la mañana. La mujer se dirigió hacia la puerta para ver quien llamaba y pasó junto a la cama de Frida, deteniéndose a acomodar las cobijas. Los ojos de Frida estaban abiertos y fijos... sin vida.

En la tarde del 13 de julio su féretro fue llevado al Palacio de Bellas Artes, donde la artista recibió los últimos honores. Como muchas de sus apariciones en público a lo largo de su vida, esta última se convirtió en un suceso espectacular. Un día y una noche duró el duelo de la artista. Hasta la tarde del 14 de julio le habían rendido los últimos honores más de seiscientas personas. Seguida de una procesión de unas quinientas personas, el cadáver de Frida Kahlo fue llevado a través de la ciudad hasta el crematorio. Allí, después de varios discursos de duelo, fue incinerada, según su propio deseo, entre canciones y aclamaciones.

Sus cenizas se encuentran en una urna precolombina, en la "casa azul" de la calle de Londres, en Coyoacán. Diego Rivera donó la casa un año después de su muerte al pueblo mexicano como museo.

TÍTULOS DE ESTA COLECC

Impreso en Offset Libra

Francisco I. Madero 31

San Miguel Iztacalco,

México, D.F.